時兆文化

GETTING BACK
TO THE
不忘初
HEART OF
ADVENTISM 心

復臨運動
使命與精神

作者 傅博仁 Robert Folkenberg Jr.
譯者 方錦榮

致謝

傅德麗

——我的妻子和知己，

與我相伴為天上大君共度冒險旅程，我一生的摯愛

以及我的孩子們——

羅比、蘭迪、凱蒂，

你們是來自上帝不可思議的禮物，

是我一生的喜悅，亦是耶穌忠心的使徒

我愛你們！

目錄 │ CONTENTS

序　言　6

第一章　是信念還是協議？ 　11

♥ 明確的優先事項 　15

♥ 是堅定的信念還是協議？ 　18

♥ 餘民之傳承 　20

♥ 特殊使命 　21

第二章　末時的全貌 　27

♥ 中心主題 　30

♥ 施恩座、聖殿、保證、大能、約的關係 　34

♥〈啟示錄〉第 12 章──教會歷史 101 　35

♥ 一載又一載 　37

♥ 龍與海獸 　40

♥ 從地上來的獸 　42

♥ 收割 　46

♥ 不要錯過！ 　47

♥ 上帝的回應 　50

第三章　第一位天使的信息：事件的核心 　55

♥ 永遠的福音 　58

♥ 是「耶穌缺失症」而非「注意力缺失症」 　64

♥ 聽眾 　65

♥ 敬畏上帝　　　　　　　　　　　　　　　66

♥ 愛和敬畏　　　　　　　　　　　　　　　67

♥ 上帝審判的時刻　　　　　　　　　　　　69

♥ 敬拜造物主　　　　　　　　　　　　　　71

♥ 號召　　　　　　　　　　　　　　　　　74

♥ 總結重點　　　　　　　　　　　　　　　75

第四章　第二位天使的信息：雙城記　　　　　79

♥ 巴比倫的介紹　　　　　　　　　　　　　82

♥ 城市及其命運的對照　　　　　　　　　　84

♥ 有什麼意義呢？　　　　　　　　　　　　86

♥ 對第二位天使的誤解　　　　　　　　　　88

♥ 不是新信息　　　　　　　　　　　　　　90

♥ 有人在聽嗎？　　　　　　　　　　　　　92

♥ 總結重點　　　　　　　　　　　　　　　92

第五章　第三位天使的信息：印記、敬拜和使命　95

♥ 另一個在夜晚的大呼聲　　　　　　　　　99

♥ 再次提到敬拜　　　　　　　　　　　　100

♥ 敬拜的日子是最終的考驗　　　　　　　103

♥ 上帝以酒還擊　　　　　　　　　　　　106

♥ 火、硫磺及上帝不尋常的行動　　　　　108

♥ 魔鬼在設陷阱　　　　　　　　　　　　110

♥ 天上的聽眾又如何呢？　　　　　　　　112

♥ 忍耐和聖徒　　　　　　　　　　　　　113

♥ 對獸的印記的誤解　　　　　　　　　　114

♥ 這些事意味著什麼？　　　　　　　116

第六章　咬牙切齒與因信稱義　　　　　**119**

　　♥ 藉著耶穌還是相信耶穌？　　　　125
　　♥ 相信耶穌　　　　　　　　　　　126
　　♥ 藉著耶穌基督　　　　　　　　　127

第七章　嚴酷的考驗　　　　　　　　　**133**

　　♥ 《聖經》的命令　　　　　　　　137
　　♥ 要收的莊稼多　　　　　　　　　139
　　♥ 從「舒適區」到「信心區」　　　141
　　♥ 屬靈恩賜與佈道　　　　　　　　144
　　♥ 各自為政和「佈道生活化」（Evangeliving）　145
　　♥ 缺乏信心　　　　　　　　　　　147
　　♥ 心懷二意　　　　　　　　　　　148
　　♥ 從委身到行動　　　　　　　　　149
　　♥ 屬靈惡霸　　　　　　　　　　　152
　　♥ 其他建議　　　　　　　　　　　152
　　♥ 結論　　　　　　　　　　　　　155

第八章　結語　　　　　　　　　　　　**159**

　　♥ 是上帝犯了錯嗎？　　　　　　　162
　　♥ 使命與犧牲　　　　　　　　　　165
　　♥ 結論　　　　　　　　　　　　　166

序言 |

　　我們傳講的信息核心是——且永遠都是——耶穌基督。祂是我們信仰的中心焦點。沒有祂的生、死、復活，這本書以及所有其他有關基督教信仰的書都將一文不值。我們傳揚的信息核心是關於一個人——一個真實的人，從亙古永活的上帝之子，——祂捨棄了天國崇高的地位，成為一個貧窮謙卑的人，使祂得以成為除去世人罪孽的上帝羔羊（約1：29；腓2：5-11）！

　　當耶穌說「我就是道路、真理、生命；若不藉著我，沒有人能到父那裡去」（約14:6）之時，祂指出了祂的生命和使命的核心。耶穌不是「任何一條」道路或「任何一個」真理，也不是多種生命中的一種。祂「就是」道路、真理和生命。我喜歡懷愛倫對這個永恆、至高無上之事實的表述。她說：「基督的聖德和祂的工作，乃是一切真理的圓心和圓周。祂是那條繫結一切教義的珍寶之鏈。在祂裡面可發現唯一完全的真理系統。」[1]

　　耶穌是復臨運動的中心。若將耶穌從我們的教導中移除，我們就失去了救贖的核心；此外，也將失去平安、喜樂和唯一的盼望。實際上，我們在信息中亦會失去真正的力量。因為耶穌說，若祂從地上被舉起來，向世人傳揚被釘在十字架上永恆的好消息時，就要吸引萬人來歸祂（約12：32）。

　　這本書旨在表明，作為上帝末世的餘民，我們有責任傳揚基督和祂永遠的福音。這福音總是可以在任何時代尋著當代背

景的脈絡。在彼得寫給教會的最後一封信中，他懇求他的讀者
——那個時代上帝忠心的信徒，要信靠耶穌，並應當更加「殷
勤，使你們所蒙的恩召和揀選堅定不移。你們若行這幾樣，就
永不失腳」（彼後1：10）。彼得的鼓勵是以不願被視為怠忽職守
之人的心境有感而發，儘管他相信他的讀者都知曉這事。實際
上，他知道他們已經在「已有的真道上堅固」。

　　作為復臨信徒，我們必須宣講耶穌——祂的被釘、復活、
擔任中保，還有祂是我們即將來臨的君王！作為生活在末世的
信徒，我們有一個屬於當代的信息，一個完全以基督為中心、
在世界歷史的盡頭要傳揚的真理。我們宣講福音的場域不是在
第一世紀的世界，而是緊連著基督第二次降臨之前的世界。
我們必須傳揚耶穌的信息，祂是世人今天唯一的拯救之源。耶
穌——即將復臨的君王。耶穌——這位奇妙的主，我們都能藉
著跟從祂而有堅定持久的信仰，並遵守祂所有的誡命（啟14：
12）。

　　耶穌就是真理，我們必須宣揚祂所啟示的真理。耶穌自己
不也是如此吩咐祂的門徒嗎？祂說：「所以，你們要去，使萬
民作我的門徒，奉父、子、聖靈的名給他們施洗。凡我所吩咐
你們的，都教訓他們遵守。」（太28：19、20）耶穌不僅僅是一個人，
祂更是一個信息。祂傳達的真理就在〈啟示錄〉14章6-12節的

三天使信息中——此信息依舊以耶穌基督為核心焦點——這就是我們這個時代的現代真理。

在末時宣揚以基督為中心的信息說明了我們的身分。它構成了我們使命的核心。忠心的信徒被賦予上帝在末世的現代使命。這些信徒「是守上帝誡命和耶穌真道的」（啟14：12）。

這本書不是神學論文，也不是對重要經文的深度解經，你不會在這本書中找到一連串的希臘文單詞，本書甚至不能稱得上是對一些重要經文全面或詳盡的解釋。這本書的目的是為了使上帝的子民重新探討〈啟示錄〉第14章中，三位天使所宣告、偉大而重要的信息，以提醒復臨教會所當執行的使命。我全然相信復臨信徒的存在是為了要宣揚這些信息。這三天使的信息是當今以基督為中心的現代真理。它們是真正的現代真理，而我們蒙召就是為要宣揚這真理。

試想，我們是蒙上帝選召子民中的一員，站在重要的歷史十字路口，宣揚來自上帝的信息。我們活在世界歷史盡頭的當下。我們的任務是宣講〈啟示錄〉14章6-12節中的呼召、寬容和警告。當我們宣告這些信息時，就是在榮耀及高舉基督。

　　我誠心祈禱，願您在閱讀這本書時給您帶來挑戰，願意再一次向上帝委身並為祂所使用，來履行〈啟示錄〉14 章 6-12 節中所記載、三天使信息這一個運動的使命。

註釋

❶ 懷愛倫，崇高的恩召（Washington, D.C.：Review and Herald® Publishing Association, 1961），原文 16 頁。

GETTING BACK
TO THE
HEART OF
ADVENTISM

復 . 臨 . 運 . 動 . 使 . 命 . 與 . 精 . 神

第一章｜是信念還是協議？

💛 明確的優先事項

💛 是堅定的信念還是協議？

💛 餘民之傳承

💛 特殊使命

GETTING BACK
TO THE
HEART OF
ADVENTISM

是信念還是協議？

你無法想像還有其他比此刻更令人沮喪和絕望的情況了！即使對未來抱持樂觀的眼光，卻是除了未知，什麼也見不到。另一方面，如果你是悲觀主義者，那麼就能一眼看出教會面臨破產和神學上的分裂。我並不想過分誇張，但事實確是如此；正當復臨教會準備在 1903 年 3 月 27 日召開第三十五屆全球總會會議時，整個教會的未來確實顯得黯淡無光。

請容我說明事情背景。讓我們先從教會在財務上的困境開始。在總會會長丹尼爾斯（A. G. Daniells）於 1901 年上任時，他發現教會處於嚴重的財務危機中。教會的運作沒有任何預算。結果，在建立新機構或翻新舊機構以及支付日常的開銷時，教會經常負債累累，以「債台高築」形容實不為過！教會歷史學家亞瑟・懷特（Arthur White）清楚地描繪了教會在準備舉行年度會議時所面臨的財務狀況：「牧師和出版社的員工每週的工資僅為 12 至 15 美元。然而，教育機構的債務卻高達 35 萬美元。總會協會負債 28 萬美元。到 1902 年底，該協會的債務超出資產 7,400 美元。總會本身在其帳戶中透支了 41,500 美元。伯特克勒療養院（Battle Creek Sanitarium）背負著 25 萬美元的債務。」[1] 因此，你可以想像每位代表出席年度大會時的氣餒和沮喪。

屋漏偏逢連夜雨，更慘的是在 1903 年的全球總會會議召開之前的十個月裡，教會旗下最大、最知名的機構——伯特克勒療養院（Battle Creek Sanitarium）以及評閱宣報出版社（Review and Herald Publishing House）都被燒毀了！而且從這兩個意外所獲得的保險理賠尚不足以償還它們所承擔的債務，更不用說為重建籌措資金了！在財務上，教會瀕臨破產，其主要機構也處境堪慮。

除了教會所面臨的財務危機之外，教會還面臨著失去對大多數醫療機構掌管的巨大風險。當時，這些財產並未在法律上註冊為教會財產，而是由透過購買已出售的股份以籌集所需資金的個人所擁有。此外，教會經營的大多數療養院都在所謂的國際醫療佈道（International Medical Missionary）和仁愛協會（Benevolent Association）的管理監督之下。而這個協會由約翰·哈威·凱洛格醫生（Dr. John Harvey Kellogg）領導，正逐漸與教會漸行漸遠。這種疏離的明顯例子是其董事會透過決議，明確指出它將「獨立於任何宗派或宗派控制」下來運作。[2]

那些準備參加全球總會會議的人們面臨的第三個挑戰直接與這個醫學協會的負責人約翰·哈威·凱洛格醫生有關。他不僅在組織上疏遠教會，而且還公然的提出了一些非基督教的思想，其中包含泛神論或現今被稱為新紀元（New Age）的哲學。為了籌集資金重建療養院，凱洛格醫生寫了一本書，名為《活神殿》（The Living Temple），其中的內容與《聖經》和本會信仰的

教義相衝突。然而，由於凱洛格醫生的超凡魅力和強大的領導才能，他的想法並未被教會內所有人摒棄，反而讓全國各地的許多教會領袖開始支持他著作中的思想和他的事工方向，包括數十位有影響力的牧師和醫生，其中包括 1888 年總會的領袖之一——瓊斯長老 (Elder A. T. Jones.)。懷愛倫警告教會，要避免這本書的神學觀點帶來危險的影響力。丹尼爾斯會長 (A.G. Daniells) 和其他領導人下定決心，正視教會基本支柱的威脅。一股險惡的神學分裂氛圍近在眼前。

因此，在 3 月 27 日（星期五）那天，坐在第三十五屆全球總會會議上的 88 位正式代表，身負這極大的擔憂和不確定性，開始討論和面對擺在他們面前的嚴峻問題。

明確的優先事項

此時，整件事在會議上發生了有趣的變化。他們首先解決的是哪一個問題？他們提出了什麼議案供討論或提交給委員會處理呢？一個也沒有！他們首先提出的不是如何解決財務危機，也不是先邀集大批的專業金融人員到場，協助該機構從破產的邊緣拉回來。

他們也沒有先解決機構所有權的棘手問題，或是解決凱洛格醫生的神學觀所帶來的、使教會分裂的威脅，他們沒有先選

擇在這些問題上花費一分一秒的精力。他們先做了什麼呢？在這個具有歷史意義的全球總會會議，在頭兩天單單專注在研究三天使的信息，以及教會如何完成上帝所委託的聖工之上。換句話說，他們專注於他們的使命，也就是我們的使命。

在教會歷史的那個危機關頭，代表們全心全意地將注意力集中在復臨教會存在的目的。復臨信徒是誰而他們又為何成為復臨信徒！他們聚集在一起解決教會主要問題的原因，並不是為了要挽救一個實體的機構。他們不是要保住工作甚至平衡預算。他們將教會存在的使命置於議程的首要項目和中心，並以此展開會議。代表們很清楚，專注於他們的使命對他們的存在至關重要。

今天也是如此。當教會不斷面臨來自內憂外患的神學、財務和佈道挑戰之時，我們必須拋棄所有次要的事物，無論它們有多重要，都要確保自己專注於我們的核心使命。作為基督的餘民教會信徒，我們必須在團體和個人方面都知道並理解我們為何會在這裡——我們被呼召成立教會是為了什麼，以及作為基督肢體中的個體信徒，我們的任務又是什麼。為什麼這如此重要？因為如果我們無視或誤解了我們的核心使命，我們就不能指望得到上帝的賜福。

在 1903 年的全球總會會議中，教會的代表和領導人清楚

地了解到，他們無論缺乏或有餘，他們的支援都只來自上帝。
而這也只有在他們履行復臨教會蒙召的使命時才會實現。他們
所理解的這個使命——我也由衷地認同，就是宣告三天使的信
息——這是生活在末時、在世界的盡頭審判之際，給予世人的
一個警訊。

我們向整個世界宣告三天使信息的使命，可以從兩位舊約
先知所傳的信息來概括。首先是先知阿摩司的挑戰：「你當預
備迎見你的上帝。」（摩 4：12）[3] 再來是以利亞在迦密山上對聚
集的群眾發出強烈而明確的信息：「你們心持兩意要到幾時呢？
若耶和華是上帝，就當順從耶和華；若巴力是上帝，就當順從
巴力。」（王上 18：21）

懷愛倫毫不含糊地寫出了復臨教會獨特而重要的使命：

「現代的真理，就是第三位天使的信息，將隨著我們接近偉
大的最終考驗而大聲宣告，意味這信息的力量會越來越大……現
代的真理所包括的信息是第三位天使的信息接在第一位和第二位
之後。傳達此信息及其所包含的全部內容是我們的聖工。在末時，
我們作為餘民站出來宣揚真理，宣傳第三位天使奇妙的獨特信息，
使號角發出確鑿的聲音。我們從一開始就堅持的永恆真理，在恩
典期結束之時，將一直保持其日益重要的地位。號角要發出確切
的聲音。」[4]

讓我們回到 1903 年的全球總會會議。兩天來，代表們進行了回顧和討論，並重新致力於教會的這一基本使命。他們重新定睛在教會所授予的中心使命上。他們知道自己並不孤單。他們知道上帝已經為明確的目的呼召了復臨教會，儘管當時他們面臨著看似無法克服的問題，但上帝會與他們同在「直到世界的末了」。只有在他們徹底重新委身和響應呼召之後，他們才能大膽向前邁進，以解決擺在他們面前的財務、組織和神學的困境。

是堅定的信念還是協議？

作為一個教會，我們將三位天使印在教會官方的標誌上、繪刻在教堂彩色玻璃上、也打印在官方的信箋上，或在安息日學交流中討論它們。但是，我們真的知道這些天使及其信息是什麼嗎？我敢說，若對那些坐在教堂裡的人進行隨機調查就會發現，大多數的人未必知道〈啟示錄〉14 章 6、7 節、第一位天使的信息是什麼或與他們有什麼關係，且對第二位天使和第三位天使的信息也可能同樣缺乏理解。對於某些記得信息的人來說，心中最先浮現的感受或許是恐懼或尷尬。恐懼最主要的原因來自火和硫磺、巴比倫的傾倒和獸的印記。對其他人而言，這些信息和其作為餘民所隱含的排他性則使他們感到尷尬。這兩種回應都是對這個信息不幸的誤解。

幾年前，當我們一家人在香港傳教和生活時，我和妻子購買了流行的桌遊「戰國風雲」（Risk®），準備在聖誕節時送給孩子們。我小時候經常與朋友一起玩這個遊戲，我的妻子也一樣。

孩子們打開聖誕禮物後，我們一家人坐在一起，打開了中文版的「戰國風雲」，我發現了一些有趣的東西。在雙語說明書中，我發現更新版的遊戲新增了一些可選規則，而這是我小時候所沒有的。這些可選規則的建議是，在遊戲開始時，每位下棋的人都會被分派到一張特殊任務卡。然後，遊戲的重點是讓每個下棋的人有戰略地去運用、組合他們的兵源，以完成他們被賦予的特殊任務。誰最先完成這個目標的就是贏家。

當我第一次與家人一起玩新遊戲時，我不禁想到這個遊戲的特殊任務與我們教會之間的相似之處。我對自己說：「對，就是這樣！」餘民的概念並非是在強調唯一得救的排他性群體。不是的，「餘民」的核心定義是指那些被呼召肩負「特殊使命」的人。要完成這項使命，他們必須被羔羊的寶血所洗滌，完全向祂委身，愛祂勝過一切，並以欣然謙卑地遵守祂的誡命來表現這種與恩典之源的活躍聯繫（啟 12：17；14：12；約壹 2：3）。

餘民之傳承

〈啟示錄〉第 12 章結尾處全面地鳥瞰上帝子民的歷史，並對餘民作出以下描述：「龍向婦人發怒，去與她其餘的兒女爭戰，這兒女就是那守上帝誡命、為耶穌作見證的。」（啟 12：17）在隨後的幾章中，在餘民被呼召向世界宣教的最後信息裡，主再次清楚說明誰是祂的餘民：「聖徒的忍耐就在此；他們是守上帝誡命和耶穌真道的。」（啟 14：12）

本書的目的不是要探討餘民到底是誰的問題，已有許多著作和文章撰寫相關主題[5]，我也相信在基督復臨安息日會中可以找到最能代表餘民特徵的人。除此之外，還包括了其他那些同樣毫無保留地愛耶穌、努力遵守祂的誡命榮耀祂，卻尚未加入這個組織遍及全球、被稱為復臨教會之教派的人。首先，讓我們釐清一件事。我們的救贖與我們的名字是否寫在某些教會的名冊上無關。正如安德烈大學神學院前院長格哈德‧哈塞爾博士（Gerhard Hasel）曾寫道，復臨信徒必須認清「對教會餘民的認同並沒有賦予他們在上帝面前的特殊地位」。[6] 我同意此看法。〈啟示錄〉第 12-14 章的餘民是一群被呼召的人，他們對耶穌及其所有誡命懷有強烈的熱誠，他們對主有委身，承擔了特定的使命——即三位天使在〈啟示錄〉第 14 章中所概述的使命。

我們必須記得，餘民──無論是普世或餘民教會──始終都是由上帝呼召的人們所組成的（這就是「教會」在聖經希臘文中的意思，意為「被呼召的」）。餘民不只是一個教派的徽章，或是某種宗教文化的身分、亦或是一套政策或手冊。〈啟示錄〉12 章 17 節和 14 章 12 節的餘民與古往今來上帝的信徒有著密切的聯繫。其主要區別在於，他們現在被要求在世界的末了發揮特殊作用。他們作為上帝的忠實追隨者，被賦予了末世的特殊使命；在基督第二次降臨之前，這群餘民還將面對魔鬼最後且瘋狂的攻擊。

特殊使命

這一特殊使命就是本書的終極目的，我將試圖回答以下重要問題：❶餘民的使命是什麼？❷我們為什麼成為復臨信徒？❸我們現今的目標是什麼？請和我一起花一分鐘來思考它們。在 1863 年之前，我們還沒有教會組織、可以將我們的名稱列入現在遍布世界的眾多教派之中！我們之所以團結在一起，是因為有一種獨特而勢不可擋的意識，那就是上帝呼召我們在這末時向生活在地球上的人們宣講末世信息（但 12：9）。

有人可能會認為，作為教會，我們只需要接受並傳講基督的福音即可完成教會的使命。原則上，我同意此見解。任何教會都必須從根本上宣揚基督永遠的福音。耶穌親自對彼得說：

「從今以後,你要得人了。」(路5:10)這是對這個使命的最好定義。不過,它或者也包括耶穌在升天之前向所有門徒發出的挑戰和吩咐:「所以,你們要去,使萬民作我的門徒,奉父、子、聖靈的名給他們施洗。凡我所吩咐你們的,都教訓他們遵守,我就常與你們同在,直到世界的末了。」(太28:19、20)然而,我們既被賦予了這個與當今所有相信《聖經》的基督徒所共有的一般使命,也就賦予了對現代的特殊使命。

我和我的家人在台灣、香港和中國大陸擔任傳教士近十年之久。這些年來,我們結交到了一些其他教派的傳教士並成為最親密的朋友。他們原本在自己的國家過著安全穩妥的生活,可是為了向亞洲失落的人民宣講基督的救恩,他們離開了家人和朋友。他們忠於這個呼召,於是上帝使他們的工作蓬勃發展。祂賜福他們的努力,並將持續祝福。這不應該使我們感到驚訝。祂在世界各地的基督教會中動工,將救恩的信息傳給各族、各方、各民。當我們參與這個使命時,我們就被視為是這支龐大的信徒大軍中、嘗過了生命活水、受催促於當下與他人分享福音的其中一員。

但是,這並不影響或否定上帝可以在特定的時間和環境下,對小組或個人進行特殊使命的呼召。最明顯的例子是給十二使徒的使命。他們受命留在耶路撒冷,直等到上帝所應許偉大的聖靈保惠師到來,使他們有能力在當時廣為人知的世界中宣教,

開啟祂教會的成長（路 24：49）。祂不僅呼召了使徒，而且我們還從《善惡之爭》一書所概述的歷史中看到上帝領導並保護了瓦典西人和阿爾比教人，使他們可以在我們所稱的「黑暗時期」完成特殊的使命。[7]主透過這些忠實的信徒，使祂真理的知識得以存留。

實際上，懷愛倫指出了上帝如何一次又一次的呼召並賦予特定的人一些特殊任務或使命。以約翰・威克里夫 (John Wycliffe) 為例。他傳講基督的福音了嗎？當然。他忠於基督的一般使命。實際上，在牛津大學擔任神學教授的他被稱為「福音博士」。[8]然而，他不僅僅是一位偉大且大有能力的福音傳道人，他也受召並被賦予一個特殊使命。《善惡之爭》是這樣說的：「威克里夫的工作是上帝所安排的。上帝曾將真理的道放在他的口中，並派天使保護他，使他的話可以達到眾人的耳中。上帝保守了他的性命，並延長了他工作的時期，直到他為宗教改革的工作奠定了基礎為止。」[9]懷愛倫在論及這顆如晨星一般的改革家之生平時總結道：「威克里夫出身於中古世紀的黑暗時代。在他以前並沒有什麼改革家可供他效法。上帝興起他像興起施洗約翰一樣，為要完成『特別的任務』，並作一個新紀元的先鋒。」[10]上帝出於特定目的而呼召他。施洗約翰在忠於此呼召的同時，也得到了上帝的力量和保護。

馬丁・路德（Martin Luther）的情況也相仿。懷愛倫說：「在

一切蒙召引領教會脫離教皇制度的黑暗而走向更純潔之信仰的人中，馬丁路德是站在最前線的。他是一個火熱、殷切、忠實的人，除了上帝之外，他一無所懼；除了《聖經》之外，他不承認任何其他標準為宗教信仰的基礎。路德確是當時代所需要的人物。藉著他，上帝在改革教會和光照全世界的事上，成就了一番偉大的工作。」[11]

上帝呼召馬丁路德從事一項偉大的工作，就是改革祂心愛的新婦——即教會。馬丁路德站在眾多忠實跟隨基督的信徒行列中，這些信徒被上帝呼召以維護或恢復真理，鼓勵或譴責以色列人或異教徒，例如：舊約中的約拿。

如今，在世界歷史的盡頭，上帝興起了另一個族群，他們對基督的熱忱和堅定的愛心，以及對信守祂誡命的堅定渴望將為人所知。這個族群是祂最後的餘民，他們受召向一個完全不知道主將復臨的世界，宣揚重要、且是最後的警告信息。作為一個教會，一個上帝的餘民教會，我們被賦予了一項特殊的使命——宣講〈啟示錄〉14 章 6-12 節中三位天使的信息。因此，我們必須要了解它並集中精力實現它。更重要的是，我們必須操練對耶穌基督的信心並勇往直前，因為我們知道〈啟示錄〉的基督已經應許：當我們大膽地向世界宣告這最後的信息、宣告耶穌基督很快就要復臨時，祂必會裝備並激勵我們，且要親自引導我們。

容我這樣說。正如施洗約翰在出生前被呼召為主的道路預備，並以「修直祂的路」作為他人生偉大目標（可1：3）一樣，作為上帝最後餘民的一份子，你我被賦予了特殊的使命和信息，要去預備並警告這個世界，基督──上帝之羔羊──即將降臨！上帝愛子這一次的降臨，不再是像個嬰兒一樣躺在簡樸的馬槽裡。不！祂要在榮耀的光中顯現，駕著天上的雲與眾天使一同降臨，預備以祂自身的不朽和永恆來獎勵祂的信徒（太 26：64）。

在接下來的各章中，我們將詳細研究此信息。我希望的是，當你最後放下這本書時，你能夠理解，我們現今受命向世界宣告的這個末世信息，有它佳美和激動人心的意義！但更重要的是，你將與其他信徒攜手努力，忠實地盡一切力量，來完成這一偉大而特殊的使命──宣告三位天使的信息。然後，直到那時，我們才知曉我們為什麼成為復臨信徒！

📝 註釋

❶ 懷亞瑟，《榆園前期》（Hagerstown，Md.: Review and Herald® Publishing Association，1986），原文 199 頁。

❷ 同上，160 頁。

❸ 所有聖經參考資料，若非特別註明，均來自新英王欽定版《聖經》（Nashville，Tenn.: omas Nelson Publishers，1982）。

❹ 懷愛倫，《懷愛倫文集》，卷九（Silver Spring，Md.: Ellen G. White Estate，1990），原文 291 頁。

❺ 與此主題相關的建議閱讀清單為：克里夫德‧戈德斯坦，《餘民》（Nampa，Idaho: Pacific Press® Publishing Association，1994）；馬文‧摩爾，《對餘民的挑戰》（Nampa，Idaho: Pacific Press® Publishing Association，2008）；艾克赫特‧穆勒，〈啟示錄的末世餘民〉，《復臨神學社年報 11》，第一冊（2000）：原文 188–204 頁。

❻ 法蘭克 B. 赫布魯克等編著，《啟示錄研討會文集》，第二冊（Silver Spring，Md.:Biblical Research Institute，1992），原文 327 頁。

❼ 懷愛倫，《善惡之爭》（Mountian View，Calif.: Pacific Press® Publishing Association，1950），原文 66 頁。

❽ 同上，87 頁。

❾ 同上，93 頁。

❿ 同上，重點補充。

⓫ 同上，原文 120 頁。

第二章｜末時的全貌

♥ 中心主題
♥ 施恩座、聖殿、保證、大能、約的關係
♥〈啟示錄〉第 12 章── 101 教會歷史
♥ 一載又一載
♥ 龍與海獸
♥ 從地上來的獸
♥ 收割
♥ 不要錯過！
♥ 上帝的回應

GETTING BACK
TO THE
HEART OF
ADVENTISM

末時的全貌

要想完全理解我們所注目的事物，最好的方法往往是退後幾步，直至我們可觀看更大的範圍。當我們只專注於眼前事物時，這種關注會定格並限制我們對事實的理解。這樣的方式對我們的生活、甚至在研經上都是危險的。這讓我想起了美國歷史上的軼事。

華盛頓（Washington）和他的大陸軍（Continental army）一直在與威廉‧何奧將軍（General William Howe）領導的英國軍隊進行一場成功的貓捉老鼠的遊戲。在大多數情況下，威廉‧何奧是貓，華盛頓則扮演精明的老鼠！美國自從 1776 年 12 月和 1777 年 1 月在特倫頓（Trenton）和普林斯頓（Princeton）的戰役中取得成功以來，華盛頓竭盡全力避免自己的軍隊與規模較大、裝備更完善且訓練有素的國王喬治三世（King George III）做決定性的交戰。

當威廉‧何奧決定向當時位於費城的美國政府所在地進軍時，華盛頓不得不盡其所能的阻擋他。1777 年 9 月 11 日，在賓夕法尼亞州東南部的布藍迪萬（Brandywine）河岸上，兩軍終於對峙。雙方都對這場戰役勝券在握，但正如歷史向我們展示的那樣，這場布藍迪萬河戰役（Battle of Brandywine）的勝負關鍵並非

取決於誰擁有更好、更大的槍支、甚至是更精明的戰略,而在於誰才是真正了解並掌握全局的人。在這個情況下,周圍鄉村的地形才是關鍵。勝利取決於誰擁有更完善的地圖!

華盛頓確信威廉·何奧將設法向上游進軍,在十二英里外最近的淺灘過河,然後回到布蘭迪萬河的另一邊試圖突襲和包抄美軍。在掌握了這些資訊之後,華盛頓的計畫是在對方向北進軍時,朝他正面的小部隊進攻。問題在於華盛頓的地圖是錯誤的,而對方的地圖卻相對準確。的確,當地是有一個淺灘叫做杰弗里斯淺灘(Jeffries's Ford),只是它並不在上游的十二英里處,而是在兩英里處!華盛頓和他的軍隊驚呆了,他們完全被擊潰,這都是因為他們沒有準備好正確的地圖,無法看清大局。

在研究〈啟示錄〉第 14 章和三天使信息時,若將這些警告當成空談,並認為這些與〈啟示錄〉的其餘部分完全無關,無疑就像是參考了錯誤的地圖。我們必須先清楚整片森林的樣貌,才能避免見樹不見林。在我們詳細了解這三位天使的信息以及它們今天對我們的意義之前,我們最好將它們明確地放在〈啟示錄〉的大地圖上,了解它們在基督教教會歷史上的地位。

中心主題

大多數的聖經註釋學者都將〈啟示錄〉分為兩個不同的部

分，可以將它想像成兩扇彼此對開的門，是為了揭示〈啟示錄〉中令人敬畏的救贖計畫之用！該書的前半部論述從基督時代到基督復臨之前，主在教會以及透過教會所做的工。第二道門的展開也涵蓋了同一範圍，卻是將末時作為強調的焦點，可以說第二部分聚焦於善惡之爭最後的主要人物和所做之事，或者正如〈啟示錄〉所描述的那樣，米迦勒同祂的使者與龍爭戰（啟12:7）。該書前半部與後半部的分水嶺，正好是置身於中間的〈啟示錄〉11 章 18、19 節。[1]

第二部分中心主題的第一個線索，就是置身於中間的這個章節，即三位天使信息的所在位置。這個主題就像是在整個交響樂中反覆出現的音樂主題一樣，在之前的篇章中一次又一次地重複。主題是敬拜，或者可以說是主權。[2] 敬拜的核心是順從——承認我們敬拜的對象比我們更偉大，因此值得我們順從。

當我敬拜上帝時，我承認祂是主。我承認祂是我的創造主，也是我唯一的救贖主。祂奇妙，值得我順從。敬拜必須包括順服。保羅說：「豈不曉得你們獻上自己作奴僕，順從誰，就作誰的奴僕嗎？或作罪的奴僕，以至於死；或作順命的奴僕，以至成義。」（羅 6：16）

在世界歷史的最後一幕中，當龍和他的爪牙們爭奪撕裂上帝的國度，並企圖使上帝的子女們轉離天堂的喜悅時，關鍵問

題將集中在敬拜上,也可以說集中在順服的課題上。誰是你生命中的主宰?我們馬上就來討論在〈啟示錄〉後半部的這個主題:

「外邦發怒,祢的忿怒也臨到了;審判死人的時候也到了。祢的僕人眾先知和眾聖徒,凡敬畏祢名的人,連大帶小得賞賜的時候也到了。祢敗壞那些敗壞世界之人的時候也就到了。當時,上帝天上的殿開了,在祂殿中現出祂的約櫃。」[3](啟11:18、19)

請注意,世人在面對罪惡時幾乎沒有一絲的謙卑或悲傷,邪惡的人憤怒地威逼上帝不要干涉他們的事。在這個章節中,我們清楚地看到,一邊的義人與另一邊的惡人之間已經劃清了界限,兩者之間沒有任何的中間地帶。

施行審判的時候已經到了,它是一把兩刃劍,是雙向的。在審判時,一邊是惡人,他們被指控犯了哪些罪行並很快將遭受應有的懲罰。他們站在敬畏上帝之人的對立面,是一群既不敬拜也不順服上帝的惡人。他們唯一認識的神就是自己所創造的人類智慧,他們已經將其置於《聖經》「耶和華如此說」之上。

但是,對於那些被狡猾的欺騙者撒但所誣告的人來說,審判日就是辯護之日。如今,他們已從指控的污點中重獲清白之身。在〈啟示錄〉11章18、19節中,這兩等人都出現在現場。

那些被證實無罪的人，無論大小，都是「敬畏上帝的」。畢竟，上帝是不偏待人（徒 10：34）！那些順服上帝、並每日獻上自己為祭或犧牲生命的人，現在合法且歡喜地得到辯護（羅 12：1）。但是，這個審判是基於什麼來執行的呢？衡量對與錯的最佳標準是什麼？還有，上帝要求我們服從的又是什麼呢？

就在這裡，在〈啟示錄〉第二部分開始時，我們的目光對準了宇宙中的一個地方——天上的至聖所，那裡有一位能夠執行真正公義的法官。我們的眼睛注目之處並非世上的殿宇，而是天上永恆的殿宇，上帝就居住在那非人手所造的聖殿中（來 9：24；7：25）。我們會在那裡看到什麼？我們會看到約櫃，在約櫃上有施恩座，裡面存放著上帝的十誡。在〈啟示錄〉中段部分的章節展現了上帝超凡而權威的一幕。

地上的聖所一年僅舉行一次贖罪日儀式，那一日也稱為審判日。在天上的聖所裡，我們已經看見將要發生的清晰主題，這是一個屬靈主題，有一個獨特的提示：「敬拜」。如你所知，我們崇拜的對象將決定我們所有的行動和思想。我們崇拜誰將決定我們順從並承認誰是我們生命的主宰。在〈啟示錄〉第二部分一開始，我們被引導到宇宙的中心，在那寶座上的是唯一值得敬拜的對象。上帝的寶座下有永恆不變的律法，這是服從上帝權威的一切生活標準。

　　當我們在接下來的章節中研究這些經文和其他經文時，我們必須忠實地回到這個主題上。在天上的聖殿中，我們看到上帝的律法——公義審判的基準。但在那律法之上，我們看到了施恩的寶座。這不是「憤怒座」或「報復座」，而是一個和好的地方。在至聖所裡有恩典和憐憫，那裡是基督第二次降世之前對世界進行審判的地方。我喜歡懷愛倫對〈啟示錄〉第 11 章的描述：「上帝的約櫃被施恩座覆蓋了，放在聖殿至聖所中。約櫃裡裝著什麼？——上帝的律法……上帝所賜的律法是用來引導祂的子民，這印證了祂有全備的能力，即祂已經與他們立約了。」[4]

施恩座、聖殿、保證、大能、約的關係

　　約櫃不僅代表上帝愛的同在（約壹 4：7、8），也代表祂的誡命，即公義的標準。但是，當我們繼續看這個章節和接下來的內容時，我們就感到安穩，因為知道仁慈的上帝將藉祂的兒女信靠基督耶穌而給予他們得救的保證。祂不會忘記與子民的約，他們是祂以高價贖回的（徒 20：28）。這是至關重要的一點。之前在各章中的內容可能會令人不安，坦白說，甚至可能會令人感到恐懼。但是〈啟示錄〉11 章 18、19 節告訴我們，上帝掌管了一切。祂不變的律法和深不可測的恩典依然存留，並且祂將獎勵祂的僕人——給那些只敬拜祂的人。

這讓我想起了上大學時，諾曼·古利博士（Norman Gulley）提到末時大事記曾說過的話：「要注目在基督上，而不是在危機上。」當我們的眼睛注視著基督，我們的心轉向上帝，把每天的生活獻給主時，我們就沒有什麼可懼怕的。正是這種保證和信心使基督的教會度過艱難的時期。在三天使的信息吹響號角之前的章節中已經清楚概述了這一時期。從一開始就明白確立了敬拜的主題，現在讓我們進入〈啟示錄〉12-14 章，與此同時，要始終注目於基督——我們的中保和良友。

〈啟示錄〉第 12 章——教會歷史 101

本章旨在概述〈啟示錄〉中三位天使信息的上下文。我選擇不使用逐節評論來解釋說明。相反的，我將以最簡單的敘事方式來進行，因為從〈啟示錄〉 12 章開始，一直持續到第 14 章都是以預言形式書寫。[5] 〈啟示錄〉第 12-14 章的敘述涵蓋了從基督時代到祂第二次榮耀降臨的教會歷史（啟 14：14）。故事從一個婦人開始；她不是一個普通的婦女，而是一位「身披日頭，腳踏月亮，頭戴十二星的冠冕」（啟 12：1）的婦人。婦人在《聖經》中經常作為上帝子民的象徵。我們在舊約和新約中都看到這一點（賽 54：6；耶 3：20；林後 11：2；弗 5：25-32）。但是上帝的子民並不總是忠誠的，所以就以預言這種截然不同的方式描繪了一個背道、墮落的教會——不是以純潔婦人的形象，而是妓女或淫婦的身分出現（何 1：2；啟 17：1）。

〈啟示錄〉第 12 章的教會包括在新約教會之前忠心的信徒，因為這是生下嬰兒耶穌的婦人。耶穌出生時並沒有新約教會。相反的，這個婦女代表了在祂出生時上帝忠心的信徒——諸如約瑟和馬利亞，撒迦利亞和以利沙伯等人。從本質上，我們從〈啟示錄〉第 12 章中看到的預言畫面描繪了上帝將祂的兒子——嬰孩耶穌，帶入了祂忠心的子民之中。當祂在這個故事中出場時，另一個角色也出現了——就是那位也被稱為「龍」的魔鬼。

耶穌出生後，龍試圖消滅孩童耶穌，但沒有成功。上帝保護了自己的兒子，將祂迅速帶到埃及，以逃避希律王因嫉妒而來的追殺。最後，耶穌勝過了罪和死亡，復活升天，並完全脫離了魔鬼和他使者的勢力。當上帝的兒子逃脫了他的勢力範圍，龍就將怒氣轉移到婦人——基督的教會（啟 12：13）身上。她逃到曠野，在那裡她受到保護，就像以利亞逃離敬拜巴力的國王亞哈時受到了保護一樣。婦人逃離到上帝預備的曠野中，在那裡度過了預言所說的 1,260 日或年。[6] 從羅馬帝國衰落並建立了我們現在稱之為羅馬天主教之時開始，上帝忠心的教會遭受了 1,260 年（從 538 至 1798 年）的迫害和宗教壓迫。在此期間，上帝忠心的百姓勝過了龍，不是靠自己的功勞或力量，而是「因羔羊的血和自己所見證的道」（啟 12：11）。

一載又一載

在此處暫停一下，我要強調此敘述中一些非常有趣的內容。與《聖經》其他預言時期相比，1,260 日的預言重複了多次。我們在〈啟示錄〉12 章 6 節中讀到它，也在〈啟示錄〉12 章 14 節中再次看到，但形式卻不同，如「一載二載半載」。「載」的預言期代表一年，因此，一年加兩年再半年就是三年半。當我們使用希伯來曆一年的天數——即 360 天時，這些天數或年數的總計就是 1,260 年。有趣的是，在〈但以理書〉和〈啟示錄〉中也有七次提到了這個 1,260 年的時期，因此它肯定非常重要。下列是提及這個預言期的章節：

三天使信息章節	
① 但以理書 7：25	一載二載半載
② 但以理書 12：7	一載二載半載
③ 啟示錄 11：2	42 個月
④ 啟示錄 11：3	1,260 日
⑤ 啟示錄 12：6	1,260 日
⑥ 啟示錄 12：14	一載二載半載
⑦ 啟示錄 13：5	42 個月

為什麼這段時期，即我相信是指祂的教會在曠野的預言時期會多次被提及呢？顯然這是非常重要的。但為什麼？畢竟，教會在曠野的經歷可以說是教會歷史上最無希望的時期。當你研究這段時期的歷史時，你會發現在這段被稱為黑暗時期的年代中，上帝的子民幾乎都消聲匿跡了。《聖經》被絕大多數基督教的世界所忽視，甚至故意隱藏。對《聖經》的這種操縱使得只有少部分教會領袖才能定義所謂宗教的正統教義，按照他們認為合適的方式行事，並以威脅和迫害強加於人。悲慘的是，在這段時期裡，數百萬忠心敬畏上帝的人因受到這場可怕和任意妄為的宗教迫害而喪生。

在攻擊上帝忠心的教會時，這個腐敗的機構，即當時所謂的「教會」，卻公然以淫亂來炫耀自己的權力。如果你曾看過有關那幾年教會情況的紀錄片，你很難想像它竟然還有資格被稱為基督教。

然而，儘管經歷了所有的荒涼和腐敗，經歷了中世紀期間所發生的神學和個人妥協時期，雖然聖徒們受到了極大的考驗和迫害，真理的火焰無法、也永遠不會被熄滅。然後，也許重複這一預言的原因，是因為這段時期的教會歷史是如此淒涼且令人沮喪，所以上帝想確保祂的子民知道，在隧道的盡頭確實有光明。

　　但是，這種聯想也出現了一個問題，那就是在這段時期中，信徒幾乎沒有《聖經》可以閱讀，更不用說了解 1,260 天／年的預言。如果他們在當時無法得知這些預言，那麼這些經文就毫無鼓勵的作用。因此，前述問題依然還未得到答案：為什麼這個預言比《聖經》其他預言被提及更多次呢？

　　我個人認為，重複提及它有兩個重要原因：首先，我相信上帝要傳達一個明確的信息，當荒野的經歷終結之時，也將是世界翻過其悲慘歷史的最後一頁。在 1,260 年的時期結束後，我們將看到世界政局發生明顯變化，同時也迎來了向世界傳講的末後信息。從本質上而言，這個重要時期的結束，正是世界歷史最後一個時期的開端。而現在的這個世界，就正處於「末世時期」。

　　但是第二個更重要的原因是，我相信這是上帝要「我們」在現今這個時刻就要留心注意。祂預言教會將在 1,260 年內經歷巨大的困難——但祂會保護教會，使它免於完全的毀滅。而現今的「我們」正面臨著更加嚴峻和黑暗的時刻——當四位執掌地上的風的天使最終放手、不再遏制撒但的陰謀詭計時，整個世界將被捲入一場不曾見過的可怕浩劫之中。這是給「我們」這些上帝的兒女和聖徒在善惡之爭最後攤牌的預言。祂想告訴你我：「不要害怕！我看見我的新婦，即教會，經歷了許多艱難時期。這預言我不只說過一次，而是七次，所以你應該知道

一切都在我的掌控中。因我曾對你說過：『我就常與你們同在，直到世界的末了。』」上帝對你我說：「就像早期的聖徒一樣，在這段可怕的時期裡，要仰望得勝的羔羊獲取力量，你就必得勝，控告你的將被除滅。」

現在，讓我們回到基督教會的故事。這個婦人在曠野存活了 1,260 年，此後她從躲藏中出來。可悲的是，龍繼續和所有敬拜基督的兒女敵對。現在，他與那位婦人的後裔或剩餘的人做最後的爭戰，這些人「是那守上帝誡命、為耶穌作見證的」（啟 12：17）。

龍與海獸

〈啟示錄〉第 13 章將我們的注意力集中在龍對付末日忠心信徒的毀滅策略上。預言提到更多從 538 年到 1798 年時期曠野教會受迫害的細節。那龍將自己的能力、座位和大權柄都給了逼迫教會的獸。[7] 這海獸由三種動物組成——豹、熊和獅子，並說著誇大的話、褻瀆上帝的名，並且任意而行 42 個月（相當於 1,260 天），此時牠受了致命傷，但這只是暫時的挫折。那海獸很快地就被醫好了，「就開口向上帝說褻瀆的話，褻瀆上帝的名並祂的帳幕，以及那些住在天上的」（啟 13：6）。

這海獸與〈但以理書〉第 7、8 章的獸和小角之間的相似之

處引人注目。他們都褻瀆上帝，反對上帝的帳幕和祂的住所。他們都行使自己的權威，並迫害聖徒。這海獸已被公認為羅馬天主教系統，並於 538 年，當阿里安·奧斯特羅斯格人（Arian Ostrogoths）最終自羅馬被驅逐時，就開始了它政教合一的統治。從而使羅馬教皇擁有充分的政治和體制權力。他們的權力一直不受限制，直到法國革命政府命令羅馬教皇不再「行使任何職務」為止。這項法令頒布後不久，教宗庇護六世（Pope Pius VI）在羅馬的西斯汀教堂（Sistine Chapel）舉行彌撒時被捕。歷史告訴我們，教皇在幾個月後死於瓦朗斯（Valence），當時他仍然是法國軍隊的俘虜。[8]

然而海獸所受的傷並不致命。實際上，這只是暫時的挫折。羅馬教廷不到幾年間便死灰復燃，一直持續到 19 和 20 世紀，它一直在重新奪回它的失地。現在，無論教皇去到哪裡，或做什麼，都獲得世界各地媒體的高度關注。全地的人都「希奇這獸」。教皇的死傷漸漸康復，他的名譽似乎失而復得。但是，關於這海獸的故事還沒有結束。〈啟示錄〉13 章 8 節指出，居住在地球上的所有人都將敬拜這獸——除了那些名字寫在羔羊生命冊上的人。我們雖尚未看到這個情景發生，但是現在全世界都開始尊崇這個勢力，甚至各種宗教團體都試圖重新加入這個天主教母堂。然而，這個時候的世界還沒有敬拜他。〈啟示錄〉告訴我們，要實現這種全球性的敬拜需要來自另一隻獸的結盟，我們可以稱其為「從地中上來的獸」或「如同羊羔的獸」。

從地上來的獸

　　隨著〈啟示錄〉第 13 章提到從地上出現另一隻獸，我們便開始預見未來的情景（啟 13：11）。這地獸與海獸類似，因為它也具有政治宗教特徵。它會漸漸倒向羅馬直至與它聯合，逐漸壯大，並以自身強大的影響力和勢力，迫使世界敬拜代表羅馬教皇的海獸，屆時，這隻受了致命傷的獸便將完全痊癒。

　　在海獸受致命傷後或 1798 年以後，地獸將脫穎而出。與從海中上來的海獸相反，地獸出現於人口稀少的地區。在預言體裁的經文中，海洋代表著人民和群眾（啟 17：15）。與大海相反，這片土地將是人口稀少的地區。這隻地獸似乎是一個基督教國家，因為它被描述為如同羊羔一樣。以教會的觀點，我們認為這如同羊羔的獸是指美國，因為它看似符合上述所有特徵。蘭科・斯特凡諾維奇（Ranko Stefanovic）在他對〈啟示錄〉的評論中這樣說：「在現代歷史上，似乎沒有哪個宗教或政治實體能像美國那樣匹配地上的獸……今天，美國在世界事務中行使重要的作用。到目前為止，這種勢力顯然類似於兩角獸。從歷史角度來說，究竟是什麼讓這隻長著雙角的羔羊開始像龍一樣說話，目前還不得而知。」[9]的確，美國對這世界的勢力和影響力是毋庸置疑的。它的影響不僅在軍事領域，也包括人類思想領域。作為民主和人權的指路明燈，它幾乎是無與倫比的。而且，正如最近的金融衰退所證明的那樣，它也是經濟世界的領導者。

當美國在經濟上打個噴嚏時，整個世界都受到波及。當人們繼續觀察這隻地獸時，很明顯地，它的經濟和軍事勢力也將在末世被用來對付上帝忠心的信徒（啟 13：15-17）。

可以肯定的是，這個勢力將利用它的影響力並盡可能欺騙整個世界，而且還會迫使人去崇拜第一隻獸。當然，所有這些都完全跟上帝的真理和祂真正的追隨者——餘民所持有的信仰背道而馳。

在撒但最終以他的惡魔之網籠罩整個世界時，他將授權給這隻地獸執行令人驚嘆和信服的奇蹟。〈啟示錄〉所提到的例子尤為令人恐懼，因為這隻獸「又行大奇事，甚至在人面前，叫火從天降在地上」（啟 13：13）。想想看，《聖經》中還有什麼其他著名的故事提到有人從天上降火？沒錯！就是那位站在迦密山上、面對巴力眾假先知的以利亞。這是一則黑白分明、善與惡對決、敬拜真神或假神的故事。故事的結尾是上帝大獲全勝，而所有巴力的假先知都被以色列所滅盡。

然而，令人驚訝的是，到了末時，地獸吩咐從天降下的火卻落在了錯誤的祭壇上！現在，邪惡的勢力——撒但和跟隨他的眾獸——會在所有人面前施行「似神般」的奇蹟，並欺騙了許多人。唯一沒有受騙的人是餘民，那些人堅持以耶穌為他們的救主，藉著遵守耶穌的誡命來表明對祂的敬拜和順服。我的

觀點是，我們不應預想羅馬教皇或其盟友所行的神蹟是邪惡或怪誕的。事實正好相反，他們所說的、所做的都將帶有「似神般」的光芒，光憑這種魚目混珠的方式，就足能欺騙那追求政治正確但又正直的中間派。

上帝子民的情況將在世界歷史的末時越發緊張和危險，如果他們不遵守對海獸的敬拜，就將受到經濟抵制，甚至面臨死刑（啟 13：15-17）。作為一個教派，我們已經了解到對假敬拜的最終要求是強制性的星期日律法。這項律法的範圍是全球性的，並由羅馬教會的聯盟、跟隨羅馬教皇領導的其他基督教教派以及只有美國和其盟國才能行使的權力來執行。

《聖經》說，那些跟隨獸的人會得到獸的印記，此印記將蓋在敬拜海獸之人的額頭和手上。這與上帝的印記形成鮮明對比，上帝的印記區分了那些願意選擇服從和敬拜上帝的人。末時的餘民在額頭上蓋有上帝的印記（啟 7：3），正如〈啟示錄〉14 章 1 節所述。你是否看到了善惡之爭的對立如何延續，直到世界歷史的盡頭呢？上帝為吸引人歸向祂所做的每一行動，一定會遭遇到撒但的偽造和欺騙——所有這些都只是為了欺騙，倘若能行，連選民也就迷惑了（太 24：24）。

我同意蘭科・斯特凡諾維奇所說的話：「受印記是真基督徒的象徵。凡受了印記的人乃屬於上帝、如同屬祂自己的財產

一樣（提後 2：19）。敬拜獸的信徒帶有撒但所屬權和對他忠誠的象徵性標記（啟 13：16、17；14：9；16：2；19：20；20：4），就像基督的信徒具有象徵性的印記一樣。」[10] 忠誠表現在敬拜上，敬拜顯明了忠誠。再次強調，敬拜是基督與撒但之間、善惡之爭的核心與焦點，這也將是基督復臨之前最後危機的關鍵所在。

　　請記得，本章的目的是將三天使信息置於適當的文字和歷史背景下。在接近〈啟示錄〉第 13 章敘述的結尾時，我們看到其中與三位天使宣講的信息有些重複。第三位天使向世人發出關於敬拜獸及獸像的明確警告，已在〈啟示錄〉第 13 章中出現過。他還警告世人注意獸可怕的印記，而這印在額頭和手上的印記都是可見的。因此，我們應該注意，三天使信息「不是」由曠野時期的教會所傳揚；從敘述的上下文來看可以清楚知道，三天使信息是末時的警告，而且將由上帝的餘民在世界各地所傳播。

　　在〈啟示錄〉第 14 章中描述，上帝的餘民受祂的託付要在世界的末時化身為祂的使者。他們是站在羔羊這一邊、並在額頭上印有上帝印記（第 1 節）的人；他們是一群完全敬拜上帝、未曾向巴比倫屈服也未曾受它沾染的人（第 4 節）；他們是站在上帝寶座前、被基督的義所遮蓋的人，因為他們有耶穌的真道（12 節）。

隨著世界歷史最後事件的上演，上帝末時的百姓被賦予了一份特殊使命——宣告這三位天使的信息。這些警告的信息對世人來說至關重要，因為這些信息包含可以抵抗那隻大蛇（惡魔）最終襲擊的方法。世人需要知道耶穌即將來臨，也需要知道如何預備與祂相見！

收割

現在，我們敘述的筆來到三天使信息，我們將在以下各章中詳細介紹這些信息。然而，如果不讀這些信息的下文，整幅地圖就不完整了。在三天使信息之後，我們讀到關於基督榮耀復臨的預言。我們看到一位像人子的坐在白雲上，祂的頭上戴著金冠冕，手裡拿著用來收割的快鐮刀（啟14：14）。緊隨三天使信息之後，我們看見了基督復臨的異象，這個異象進一步證明了這些重要的信息是向世人發出警告的最後信息！[11]

當基督來臨之時，收割就開始；這也是復臨信徒所說的完成之工。是的，在我們的主復臨那日，收割的工作終將完成。在這個基督復臨的預言中，我們看到鋒利的鐮刀被用來完成兩次的收割：一次是地球的收割，在《聖經》希臘文是指小麥的收成；這是指對活著和死去之義人的收割。耶穌在麥子和稗子的比喻中使用了同樣的隱喻。無論是當時還是現在，麥子都是預表祂忠實的追隨者（太13：24-30，37-43）。

　　但是，還有第二次的收割。鐮刀也被用來收割邪惡的人。在這裡，惡人的收割被描述為葡萄的收成。葡萄不僅被收割，而且被壓榨並完全被破壞。這樣，善與惡之間的戰鬥最終就結束了。邪惡被戰勝，義人將與耶穌永遠活著，直到永永遠遠。

不要錯過！

　　如果我們查看我所居住在大煙山附近（Smoky Mountains）的地圖，其主要地形特徵就是山脈！而在內華達州的地圖上，能注意到的明顯特徵就是沙漠。我們剛剛回顧的章節在景觀上也有一個主題特徵，一個不可忽視的中心。實際上，這是整個善惡之爭的核心，即敬拜和效忠的問題。最主要的問題是我們稱誰為主！在我們剛剛回顧的三章篇幅當中，不僅一兩次提到敬拜，而是「八次」！

　　呼召、懇求，一次又一次地提及敬拜上帝，亦或是敬拜龍或敬拜牠的盟友——獸。撒但用來使世界敬拜他和獸的工具是欺騙和迫害。[12] 另一方面，吸引聖徒敬拜上帝的力量乃是祂在髑髏地十字架上向他們首先展示的愛。基督的福音和祂擔任中保的工作將他們吸引到祂面前來（約壹 4：19）。

　　我們已經提到過，在世界歷史戲劇性的結束之前，敬拜的核心問題將圍繞在遵守第四條的誡命上，該誡命呼籲世人敬拜

天地的創造主，並透過遵守安息日、一週的第七天來做到這一點（出20：8-11）。因此，效忠和敬拜上帝的標誌「就是」並且「將是」安息日。效忠和敬拜獸的標誌是假安息日，就是我們所知道的星期日。但是請記住，真正的問題遠比我們是在哪一天敬拜更深層。在安息日敬拜僅是證明我們因內在順服基督為我們生命的權柄而顯出的外在標誌（約14：15）。但若我們的敬拜沒有傾盡所有、以全副心思和言語、用全部的生命來敬拜基督，我們就不是完全屬於祂的，因此，在善惡之爭的最後衝突中，就會有屈服於壓力的危險。

保羅寫道：「所以，弟兄們，我以上帝的慈悲勸你們，將身體獻上，當作活祭，是聖潔的，是上帝所喜悅的；你們如此事奉乃是理所當然的。」然後，他接著對這個世界誘惑的警告補充道：「不要效法這個世界，只要心意更新而變化，叫你們察驗何為上帝的善良、純全、可喜悅的旨意。」（羅12：1、2）

敬拜是〈啟示錄〉第 12-14 章中主要的主題，不僅是因為它在這些章節中被重複了八次，也因為在最後的衝突中，可以清楚看到「十誡」的第一塊石版（編註：指第一至第四條誡命）。你看，前四條誡命是針對世人的內在生命以及他們和造物主的關係，這些事都與敬拜有關！在撒但及其爪牙（即海獸和地獸）在末時提出的挑戰中，我們看到他們有意挑戰這些以敬拜為中心的誡命。讓我以下列方式概述：

第一誡

上帝的律法｜除了上帝以外，不可有別的神（出 20：3）
末時的偽造｜獸呼籲世人敬拜牠（啟 13：12）

第二誡

上帝的律法｜不可為自己雕刻偶像（出 20：4-6）
末時的偽造｜命令敬拜獸像（啟 13：15）

第三誡

上帝的律法｜尊重耶和華的名（出 20：7）
末時的偽造｜獸褻瀆上帝（啟 13：1，5）

第四誡

上帝的律法｜當記念安息日（出 20：8-11）
末時的偽造｜獸的印記——星期天（啟 13：16；14：9）[13]

到最後，上帝的餘民，即生活在世界歷史盡頭的忠心門徒，將成為遵守誡命的人（啟 12：17；14：12）。撒但和他所偽造的三一神，以一點一點的、一條接一條的誡命來攻擊上帝和祂的餘民。他們迫害那些敬拜上帝的人，並試圖將十條誡命中那四條以敬拜上帝為中心的誡命，變成讓全世界敬拜牠們的誡命。

甚至有更多的證據表明，敬拜將是世界最後危機時期的考驗：撒但創造了偽三一神——他自己的神格，並要求世人完全效忠他。我們一直都知道他希望能夠成為上帝，但是現在他採

取了直接的行動，試圖使之成真（結 28：14-17；賽 14：12-14）。請看蘭科・斯特凡諾維奇博士在他對〈啟示錄〉的評論中如此清楚地描述：[14]

聖父	龍 / 撒但
● 在天上有居所（啟 4；5） ● 有寶座（啟 4；5；7：9-15） ● 賦予基督能力與權柄 　（太 28：18；啟 2：27；3：21） ● 被敬拜（啟 4：10；15：4）	● 曾經置身天庭（啟 12：3，7、8） ● 有寶座（啟 13：2；2：13） ● 給海獸能力、寶座和權柄 　（啟 13：2，4） ● 被敬拜（啟 13：4）
耶穌基督	海獸
● 從水中上來，事工開始 　（路 3：21—23） ● 說：「人看見了我，就是 　看見了父」（約 14：9） ● 被殺害（啟 5：6） ● 復活（啟 1：18）	● 從水中上來，開始行動 　（啟 13：1） ● 像龍（啟 12：3；13：1） ● 被殺（啟 13：3） ● 復活（啟 13：3）
聖靈	地獸
● 像耶穌一樣（約 14：26；16：14） ● 引導人敬拜耶穌（徒 5：32） ● 行大奇事（徒 4：30、31） ● 在五旬節如火焰顯現（徒 2）	● 像羔羊一樣（啟 13：11） ● 引導人敬拜海獸 　（啟 13：12，15） ● 行大奇事（啟 13：13；19：20） ● 從天上降火（啟 13：13）

上帝的回應

　　撒但和他虛假的三一神會竭盡所能欺騙並強迫世人敬拜他們，而不是真正的三一真神。可悲的是，世界各地的人們照常生活工作，完全沒有意識到即將來臨的巨大考驗和危機。但是上帝對祂所深愛的兒女有一個計畫。祂不希望任何人被欺騙並

喪失祂所賜的永生。祂的計畫是差派三位天使來警告世界那即將來臨的挑戰。三位天使的任務是將人類的心靈轉向他們的創造主。這些代表三天使的餘民接受了一項特殊使命，就是要宣揚永遠的福音，並鼓勵那些聽了這信息轉而敬拜上帝的人，以這種方式為即將來臨的艱難時刻做好準備。

註釋

❶ 蘭科·斯特凡諾維奇,《耶穌基督的啟示錄》(Berrien Springs,Mich.;Andrews University Press,2002),原文 365 頁。其他評論家將本書分為許多部分。然而大多數人都同意啟示錄 11:18、19 是本書第一部分和第二部分之間的橋樑。斯特凡諾維奇甚至指出在第 18 節中就能看見本書後半部分的大綱(斯特凡諾維奇,366 頁)。

❷ 作為這項研究良好的靈修方法,我由衷建議您拿出自己的《聖經》,用它來閱讀、劃重點並跟隨接下來的研究。

❸ 我個人認為這裡所指的先知和聖徒是指那些敬拜神且遵守祂的誡命之人,與啟 14:12 所指的餘民一樣。以約櫃為重點的聖所場景亦明確指出,十誡將被視為是不可分割的一部分,而基督和撒但之間的爭戰將在末時上演。

❹ 懷愛倫致凱洛格書信,Elm shaven,療養院,1902 年八月五日,《戰溪書信》(1928),原文 57 頁。

❺ 為更進一步理解《啟示錄》及其內容,我在此提出建議閱讀的參考書單,這些不是艱深的材料,而是作為研讀〈啟示錄〉的基礎。建議參考書如下:C. 馬文·邁斯威爾,《上帝關心》,卷 2(Boise,Idaho: Pacific Press® Publishing Association,1985);羅伊·艾倫·安德森,《揭開啟示錄》(Boise,Idaho: Pacific Press® Publishing Association,1974);賈奎斯 B. 鄧肯,《啟示錄的祕密》(Hagerstown,Md.: Review and Herald® Publishing Association,2002);蘭科·斯特凡諾維奇,《耶穌基督的啟示錄》;以及喬恩·保臨,《上帝深奧的事》(台北市:時兆,2010 年 12 月)。

❻ 我相信聖經和預言的解釋已經清楚地表明在關於預言的篇幅中,一天應該被理解為一年。見以西結書 4:6 和民數記 14:34。

❼ 龍在〈啟示錄〉中被描述為撒但(啟示錄 12:7-9)或魔鬼。然而,在這個預言及其在〈但以理書〉第 7 和 8 章中的相似之處的背景下,撒但可以被視為藉著異教羅馬之手來建立這種新的海獸權力——教皇。歷史清楚地表明,從公元 330 年的君士坦丁大帝開始,在一段時期內,權力逐漸移交給羅馬教皇或紅衣主教。

❽ 邁斯威爾,《上帝關心》,卷 2:326–329 頁。

❾ 斯特凡諾維奇,《啟示錄》,原文 423–443 頁。

❿ 同上,425 頁。

⓫ 羅伊·艾倫·安德森,《揭開啟示錄》,原文 162 頁。

⓬ 我於安德烈大學就讀時,在一場喬恩·保臨教授為〈啟示錄〉所作的演講中,他對這一點有清楚的闡述。

⓭ 我要再次將此歸功於喬恩·保臨博士,這個見解是我在修讀他所教授的〈啟示錄〉課程受到啟發而得。它在斯特凡諾維奇的《啟示錄》(原文 415 頁)中亦有所探討。

❹ 斯特凡諾維奇，《啟示錄》，原文 369、370 頁。請參考真神上帝與偽三位一體的
對照表。

GETTING BACK
TO THE
HEART OF
ADVENTISM

復 . 臨 . 運 . 動 . 使 . 命 . 與 . 精 . 神

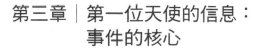

第三章 | 第一位天使的信息：
事件的核心

♥ 永遠的福音

♥ 是「耶穌缺失症」而非「注意力缺失症」

♥ 聽眾

♥ 敬畏上帝

♥ 愛和敬畏

♥ 上帝審判的時刻

♥ 敬拜造物主

♥ 號召

♥ 總結重點

GETTING BACK
TO THE
HEART OF
ADVENTISM

第一位天使的信息：事件的核心

我又看見另有一位天使飛在空中，

有永遠的福音要傳給住在地上的人，

就是各國、各族、各方、各民。

他大聲說：

「應當敬畏上帝，將榮耀歸給祂！

因祂施行審判的時候已經到了。

應當敬拜那創造天地海和眾水泉源的。」

（啟 14：6、7）

「**信**使。」這個詞會讓你聯想到什麼？畢竟，信使有許多不同的面貌。例如，信使可以是克盡其職的郵差，風雨無阻地將郵件送到指定的地點。這個詞也可以用於國會中年輕的助理，他們在辦公室之間來往奔赴，在參議員之間傳送重要資訊。又如紐約的快遞人員，騎著自行車將重要文件從一個辦公室傳遞到另一個辦公室，以便在指定時間內傳遞信息。

但我認為這些描述都無法捕捉到〈啟示錄〉14 章 6-12 節中所提到的三位天使或其他天使的那種氛圍或張力。但有一個例子卻能詮釋這一點。你聽說過塞繆爾・普萊斯考特（Samuel

Prescott）嗎？在 1775 年 4 月 18 日那一晚他是三個傳信息的重要信使之一，他們向波士頓周圍沉睡的小村莊傳送了緊急消息。或許你也聽說過另一個傳信者，名字叫威廉‧道斯（William Dawes），這個名字聽起來很耳熟吧？唔，那麼你最有可能聽過這些信使中的第三個、也是最有名的保羅‧里維爾（Paul Revere）。他們三個騎士連夜馬不停蹄地趕去提醒當地民兵，英國人正向列星頓（Lexington）和康科德（Concord）進軍，要沒收他們的武器和貴重的火藥。三名信使傳達了這個緊急的警告並呼籲他們採取行動，動員了數百名美國民兵對抗當時最大的軍事力量。

在緊要關頭，上帝也從寶座上差遣了三位天使，要向整個世界發出了更為緊急的警告。這些天使將向這個歷史即將結束、卻對此一無所知的世界，發出希望和警告的信息。

永遠的福音

第一位天使介紹了三個末後信息中的第一個，這三個信息都將在末日之前傳遍全世界，這也將是世人從天庭中聽到的最後信息。[1] 在〈啟示錄〉中，「傳」（Preach）這個詞僅出現一次。重點就是如此，沒有灰色地帶了！這是人類注定要聽到、包含三個重點的講章。好的一面是，講章一開篇就是好消息！實際上，這三部分的講道以耶穌基督的福音為開始和結束。無論在

這裡還是在〈啟示錄〉14 章 12 節，我們都將「耶穌真道」擺在前面和中間，這是人類唯一的希望。

第一位天使繞了地球一周並向各國、各族、各方、各民宣揚耶穌拯救的真理，藉此開始傳達這信息！事實上，從世界之初開始，上帝就定下了拯救所有願意接受祂兒子耶穌基督之人的救贖計畫。絕不可低估第一位天使信息中所傳達的福音核心。雖然在最後的善惡之爭中，敬拜將成為核心焦點，但我們不應忘記，真正的敬拜必然是透過我們的主基督耶穌而親身體驗到上帝對我們的大愛和恩典。

我最喜歡的三個經文完美地總結了這永遠的福音。「上帝愛世人，甚至將祂的獨生子賜給他們，叫一切信祂的，不至滅亡，反得永生。」（約 3：16）當我們接受上帝的愛時，它就會自然地帶領我們進入永生。我說「自然」是因為我們接受了上帝的恩賜時，現在活著的不再是我，乃是基督在我裡面活著。現在，我們藉著耶穌與永恆聯繫在一起，這是復活的最初果實（加 2：20；林前 15：20）。世界需要這個信息。人們渴望知道這世上有人無條件地愛他們，而這人不管發生什麼事，都會關心且在乎他們。

關於永遠的福音另一個絕佳描述是在〈羅馬書〉5 章 8 節：「惟有基督在我們還作罪人的時候為我們死，上帝的愛就在此

向我們顯明了。」雖然我們拒絕了基督，對祂視而不見、走自己的路，雖然我們沒有意識到祂的犧牲，甚或故意蔑視祂的名和真理，但這就是祂為我們而死的理由！因為人最墮落之處，反映的正是耶穌最大的能力；祂的大能就是對我們每個人的愛，這大能總在人的軟弱和需要上顯得完全（林後 12：9）。

最後，〈以弗所書〉2 章 8 節的應許難道不正是完美地詮釋了永遠福音的意義嗎？「你們得救是本乎恩，也因著信；這並不是出於自己，乃是上帝所賜的。」在我們剛剛所讀的三個經文以及《聖經》其他篇幅中，福音的好消息一次又一次地以「恩賜」這個詞為特徵。它確實是恩賜，因為我們原本不配獲得上帝的愛，不配得到祂那不可思議的憐憫，不配得到永生。我們抗拒祂——有時甚至是以頑強固執的態度！永遠的生命必定是一種憑信得的「恩賜」，我們只需要伸出手來回應這個邀請，並憑著信心接受這份恩賜。當我們來到上帝那裡並接受祂為我們的救主時，我們可以確定祂會接納、擁抱、收養我們。這樣奇妙大愛的福音就是三天使信息的核心，是所有緊隨其後之信息的基礎。如果我們錯過了這個恩典並其中愛與盼望的信息，我們就將錯失一切！永遠的福音是基督教會存在的意義；它是所有真教義的核心，因此，這是必須向世人傳揚末後信息的核心。

幾年前，我和一些朋友到約旦參訪。在其中一個我們參訪

的眾多市場之中，我和朋友們與一位穆斯林的商店老闆進行了有趣的交談。我們問他，作為穆斯林，他如何才能與神永遠在天國生活。他毫不遲疑就立即回答說：「那很容易，我只要在一生中多做一件好事勝於壞事，我就可以進天國了！」因此，他的整個人生都花在實現這極為重要的目標上——天國。如果他表現出足夠的善行，他將成功地「完成」進入天國的道路。這教義可悲的一點是，店主永遠不會知道他的善惡賬本是如何紀錄的。對他而言，救恩的保證是不可能的，因為只有當他完成了最後一個善行，審查結束並發出判決時，他才能得到救恩。當然，到那時，我的店主朋友終將死亡！

基督教與這種神學觀點完全相反。實際上，若將基督教與世界上所有主要宗教進行比較，毫無例外，你會看到他們都是透過信徒的善行才能進入極樂世界——涅槃、天堂——無論該宗教如何稱呼其得報償之地。這和基督教相比是完全相反的。我們現今在基督裡所獲得的永生是一份令人難以置信的恩賜！因我們獲得了這份無價的禮物，便得以與上帝和好。那因罪而形成阻隔的牆已被耶穌摧毀而倒塌消失了！上帝現在是我們的朋友，我們的天父（西1：21、22）。在耶穌裡領受了這個生命之後，我們就得以坦然無懼的生活，因為我們在基督裡得到了救贖的保證（約壹5：11-13）且成為義的奴僕，並獻上自己的生命讓聖靈從內在改變我們，使我們能隨著聖靈的引導從心裡屈膝敬拜、服從我們的主、我們的救主耶穌基督（羅6：18；弗2：10）。

在許多國際城市搭計程車可能會很刺激，還可以強化你對上帝的信仰！我記得在臺北曾與一位計程車司機有過一次有趣的交談。我注意到他的後照鏡上掛著許多平安符。我向他詢問了他的信仰以及這些平安符的目的。他解釋說他是一名佛教徒，這些平安符是為了幫助他避免車禍（我心想：接受一周的駕駛訓練課可能比這更好、更可靠吧！）。然後我問他，作為佛教徒，他是否有信心死後的生活會更好，或者甚至可以進入涅槃。就像我遇到的每一個佛教徒一樣，他無法確定自己未來的前景。他結結巴巴地說：「呃，我不知道。我希望下輩子會更好。可是，進入涅槃？不可能。但我不確定。」他停頓了一下又說：「不知道，我不確定。」

一開始，第一位天使就宣告了好消息，那就是人類現在就可以與上帝和好！我們現在可以得到永生的恩賜，我們可以得到救恩的奇妙保證，這不是透過行為，而是透過我們對基督在十字架上代表我們的信仰而來（弗2：8-11；約壹5：11-13）。三天使信息以敬畏基督和祂的愛這一令人敬畏的主題為開始。永遠的福音具有真正的力量，是須向世界傳揚的最後三大重點信息。獸的印記或地獄之火的警告不會帶給世人內心真正的改變或承認接受基督為救主。只有透過罪人與上帝的大愛接觸方能實現。畢竟，我們愛祂是因為祂先愛我們（約壹4：19）！耶穌自己這樣說：「我若從地上被舉起來，就要吸引萬人來歸我。」（約12：32）只有愛可以融化人心。只有愛可以幫助人向獨一的真神敬

拜。福音就是耶穌。

　　桃樂絲‧伊頓‧華特斯（Dorothy Eaton Watts）說過一則有趣的故事。一位名叫約瑟‧馬修斯（Joseph Matthews）的傳教士到紐西蘭傳基督的福音。在 1832 年，他遇到了一位有權威的毛利酋長，名叫帕納卡埃索（Panakareao）。馬修斯在拜訪酋長時發現，酋長和他的勇士們對他似乎不大友善。實際上，他們很快就粗魯地抓住了馬修斯並將他綁起來，然後開始準備大火，要來煮這位毫無戒心的傳教士。

　　當他們開始升火，要烹煮這位傳教士作為酋長的「大餐」時，馬修斯對酋長說：「在我們準備生火的時候，我有信息要告訴你。」酋長回答說，他不想聽到任何信息，並命令馬修斯保持安靜，但上帝的僕人堅持要開口傳講。「我一路從英國到這裡來就是要告訴你這信息，等我講完了之後，你再把我煮了不遲！」[2] 酋長同意了。帶著不耐煩的好奇心，酋長坐了下來，等待聆聽這位傳教士寧願犧牲他的生命也要帶來的信息。

　　在講述這個故事時，華特斯問了一個最尖銳的問題。「如果你是約瑟‧馬修斯，你會告訴酋長什麼？你會談論『不可殺人』的誡命嗎？你會告訴對方殺傳教士的人將承受審判的烈火嗎？」[3] 也許你會分享其他誡命，包括安息日。在那個關鍵時刻，獸的印記是否是你想要講述的？

約瑟‧馬修斯選擇談論耶穌和祂的大愛。他告訴酋長一個真實動人的故事，他傳講上帝道成肉身並死在十字架上，使毛利人酋長可以得到永生。馬修斯傳講永遠的福音！華特斯在講述他的故事時說：「在灼熱的炭塊照耀下，約瑟‧馬修斯可以看到老酋長臉上流下的眼淚。火已經準備好了，但酋長說：『請繼續吧！我想聽關於那個人的故事。』」[4] 馬修斯因此逃過一劫！「耶穌的愛」是唯一能夠融化人心的力量。難怪一開始它就站在向世界傳揚這些重要和最後之信息的起點。

是「耶穌缺失症」而非「注意力缺失症」

今天我們教會面臨最大的危險之一，就是屈從於倫納德‧斯威特（Leonard Sweet）所稱「耶穌缺失症」（Jesus Deficient Disorder，簡稱 JDD）的疾病。我們擁有《聖經》的真理並對此享有清楚的理解；我們的要道在系統神學中猶如堅不可摧的堡壘站穩腳跟。但是我們常常忘記，所有真理都與一個人有關——耶穌！祂不是說「我就是道路、真理、生命；若不藉著我，沒有人能到父那裡去」嗎？（約 14：6）我們的世界若渴望建立有意義的關係，就必須帶領人來到耶穌面前！

我們使命的核心是那一位——人子耶穌基督！當基督被釘在十字架上時，祂向世人和宇宙展現了難以置信的愛，這是耶穌故事的焦點。毫無疑問，懷愛倫說：「基督為贖罪而做的犧牲，

乃是偉大的真理，其他一切真理都集結在這個中心上。為要對真理有正確的了解和重視，《聖經》上的每一項道理，從〈創世記〉至〈啟示錄〉，都必須根據從髑髏地十字架上所發射的光亮而加以研究。我向你們提出一個關於恩典與重生，救恩與得贖的偉大高貴之紀念，就是上帝的兒子高掛在十字架上。」[5]

第一位天使的信息，以及所有三位天使的信息，是對末世來跟隨耶穌基督的最後邀請——這乃是歷代以來，所有世代的願望，是永恆生命的唯一泉源，是致命禍害的唯一解藥。耶穌「就是」這個信息。我們絕不能忘記這個重要的事實！

聽眾

在我們繼續討論第一位天使信息的第二部分之前，我需要提及另一個重要觀點：該信息的聽眾是全球性而不是區域性的，也不是只集中在一個文化、語言或族群中。第一位天使向「各國、各族、各方、各民」大聲宣告他的信息，這表示上帝最後的信息是要傳遍整個世界！從紐西蘭有權威的毛利酋長，到生活在中國和中美洲人數眾多城市中的群眾，這些信息對所有人都適用。讚美上帝，事實就是如此。

到了世界歷史的盡頭，上帝有意加緊對抗撒但（啟 12：9）和他的手下向全世界撒下的毒汁與迷惑，〈啟示錄〉第 13 章的

海獸已經影響了「各族、各民、各方、各國」（第 7 節）。[6] 上帝不會對撒但這位古蛇和欺騙者讓步。祂在末時興起了一項運動，將祂悔改和改革的最後信息傳揚到世界的每一個角落，使那些守耶穌真道的人做好準備，並忠誠順服地遵行祂所有的誡命（啟14：12）。縱然欺騙者在世界各地散佈謊言，但撒但絕無法超越萬軍的統帥！撒但的欺騙是全球性的；因此，宣告上帝末世信息的運動也必須是全球性的。

敬畏上帝

有趣的是，「永遠的福音」這個詞也有第二個更為深層的含義。懷愛倫在評論〈啟示錄〉第 14 章時說到：「宣揚永遠的福音的天使宣告上帝的律法；因為救恩的福音使人們順從律法，他們的品格是仿照神聖的形象而形成的。」[7] 她的觀點很明確。當我們親身經歷上帝的愛時，就會促使我們樂於謙卑地遵守祂的誡命。因為耶穌說：「你們若愛我，就必遵守我的命令。」（約14：15；林後 5：14）

這就是為何「永遠的福音」和後面的那句話——「大聲說：『應當敬畏上帝，將榮耀歸給他』」兩者之間的信息是相關的。當我們以愛來回應上帝賜下祂的獨生愛子、使我們得以加入祂的家庭並與耶穌同享天國的永生時，我們就會很自然地渴望藉著遵守祂的誡命來尊榮祂、敬畏祂並榮耀祂，以表我們對這份

驚人恩賜的感恩。耶穌自己這樣說：「你們的光也當這樣照在人前，叫他們看見你們的好行為，便將榮耀歸給你們在天上的父。」（太5：16）〈約翰壹書〉以同樣的方式表達了對順服的回應：「我們若遵守祂的誡命，就曉得是認識祂。」（約壹2：3）我們的服從並不會讓我們得著永生，反之，作為祂的門徒，這樣的順從為我們提供證據，證明我們確實委身於基督，以祂為我們生命的主。我們遵守誡命以示尊榮我們的天父，從某種意義上，這也證明我們的悔改經歷是真實的！

不幸的是，我們當中有許多人各懷兩種極端的觀點，要不是專注於恩典、排除上帝的律法，就是執著於十誡的具體標準而忘記了基督。事實是，如果沒有上帝所賜的恩典，我們將是失喪無望的人。魔鬼到處設下陷阱，猶如一位牧師最近所說的：「每一里路兩旁都各有一里長的溝渠——而魔鬼不會在乎你掉入那一邊，只要你掉進坑裡即可。」[8] 永遠的福音是關於羔羊和獅子，有關我們的中保和審判官，有關耶穌是我們的慈愛救贖主亦是我們的主宰。

愛和敬畏

請記住，在第一位天使的信息中所提到的敬畏（編註：敬畏和害怕在英文為同一個字：fear）並不是指我們看到鯊魚時的那種害怕。它並不是這個意思。這裡所說的敬畏可以描述為尊重和崇敬。

愛與尊重或敬畏之間有著自然的關聯。你會在一些我們最基本的人際關係中看到它。以婚姻為例，當我愛上了傅德麗（Audrey，我的妻子）時，我立刻就向我最好的朋友約翰宣佈：「約翰，我現在所想的不再是我要娶誰，而是要在什麼時候結婚！我已經遇到心上人了！」果真，在 1988 年 6 月一個炎炎夏日，我們結婚了，那是我一生中最幸福的日子之一。在那場重要的儀式中，當我對著親朋好友宣誓「我願意」時，並不是因為攸關死亡才被迫如此說。我很高興地說出這些誓言，表示我是認真的（而且現在仍然如此）。從那天起，不需要有人來調查我的行為或用槍指著我以確保我真的與別的女性再無曖昧。恰恰相反，我打從心底忠於她，而且只忠於她一人。為什麼？因為我愛她。愛的自然結果就是尊重、尊榮和順從。

一般的基督教世界所面臨的巨大挑戰之一跟世俗世界一樣，就是欣然接受目前已成為一種流行的相對主義。這觀念不僅深入了現代文化，而且也不得不悲痛的默認它也滲透、進入到教會裡，這觀念使越來越多的人相信清晰客觀的真理是不存在的。相對主義是一種選擇哲學，正如大衛·金納曼（David Kinnaman）在其引人注目的著作《非基督徒》（unChristian）中所說，我們生活在一個「超個人主義」時代，這使我們的世界成為一個「對道德各持己見」的世界。[9] 他的意思是，對於多數人而言，沒有所謂的「絕對」。你認為對的事情我未必同意——但這都沒關係，大家接受、也鼓勵各異的想法，只要彼此相安無事就

好。順服上帝並進而遵守祂特地寫下的誡命，並不符合大多數人的思維。在這種前提下，身為教會的我們卻受呼召，要去傳講那些並不受大眾文化青睞的信息。當電視台和廣播電台播放有關所謂成功神學的佈道福音、高談物質財富是相信上帝應許的獎賞之時，當講臺上的人一個個只呼召人們接受基督的死，卻對門徒訓練隻字不提之時，我們的教會卻被呼召要大聲宣揚這永遠的福音，使世人敬畏並服從主耶穌。而且，這一信息必須緊急地傳給全世界。為什麼？正如信息本身所宣告的那樣，因為我們現今正活在世界歷史的盡頭，所以我們要指出世界現在是處於審判的時刻。末世已經到來。

上帝審判的時刻

我們可以說第一位天使的信息有三個主要的主題。首先，誠如我們剛剛所言：基督是永遠的福音之中心焦點。這福音是第一位天使的信息、也是其他所有天使及其後繼信息的基礎。這信息的第二個主題是令人震驚的，即上帝最後審判的時刻已經開始！再看一下經文。天使清晰並大聲的說到：「應當敬畏上帝，將榮耀歸給祂！因祂施行審判的時候已經到了。」這節經文中的「時候」一詞並不指特定的某個時間，更確切地說，它更多是指某個時段。

因此，第一位天使的信息宣告世界已經進入了一個新時

代——世界歷史的終結、基督復臨之前的審判。在舊約中，贖罪日是審判的典型表徵。但現在已經是末時了，我們現在所看到的不是那種審判日的影兒或預表，我們現在所見的是真實的，或從神學上來說，它是真實而非傳統儀式中的贖罪日或審判日。這一天要完成兩件事：首先，藉著基督的血，上帝的真羔羊要潔淨天上聖所中一切罪惡的記錄。其次，他也獎賞聖徒並懲罰那些拒絕接受基督的贖罪或是在生活中沒有真正降服於基督、只作有名無實之「基督徒」的人（啟 22：11）。請注意：所宣告的審判已經在進行了，它已經展開，而且這個審判發生在基督第二次降臨之前。這是基督復臨之前、查案的審判（啟 14：14）。

作為教會，我們始終將第一位天使的信息，與〈但以理書〉8 章 14 節的 2,300 日結束後、所展開的查案審判互為參照並加以詮釋。我們從這預言和 2300 日預言的研究中獲知這查案審判已經開始。自從那時以來，世界一直處於末時。本質上，我們可以說我們都是生活在借來的時間裡！因此，第一位天使的信息帶有急迫的特質！世界需要知道它已經處於末時了！這個世界需要聽到主慈愛的呼求，呼召所有人悔改，並邀請他們回到天父那裡！總的來說，世人完全沒有意識到末日即將到來。這信息並不是一個精神錯亂之人高舉「世界末日近了」的牌子。這信息乃是天使直接從天庭那裡得到的，是要警告世人時間不多了！我們與慈愛天父最終的團聚即將到來。我們要宣告的不

是厄運和沮喪的信息，而是盼望和警惕的信息。世界必須聽到的信息，乃是我們必須要做的宣告，如果我們不做，又有誰來做呢？

你可曾聽過任何其他教派在宣揚這場審判？沒有！這是我們的使命。我們所研究的這信息表明了我們是誰，以及我們為什麼會在這裡！我們必須大膽地、充滿期待和喜悅地讓世界知道，耶穌將拯救所有以悔改之心來到祂身邊的人。我們必須讓全世界知道，我們回到天家所剩餘的時間，和世人悔改歸主所剩下的時間並不是無窮無盡的。實際上，時間不多了！

敬拜造物主

第一位天使的信息其最後的主題與敬拜有關。更具體地說，是敬拜造物主的呼籲。 在本質上，第一位天使只是在說：「聽啊，世人，世界歷史快到盡頭。上帝最後的審判已經開始。這對你意味著什麼？當聽有關耶穌的福音。接受祂為你的救主和主宰。敬畏和尊榮祂。更重要的是，要敬拜祂，因為祂是你的創造主和使你更新的主。」

在前一章，我們已經看到敬拜如何在世界最後的事件中成為的主要角色。假敬拜與真敬拜形成鮮明的對比。《聖經》一再告訴我們敬拜上帝的原因，是因為祂是我們的創造主，是祂

創造和型塑了我們。為了使我們永遠不會忘記這一重要事實，祂設立了一個日子作為祂創造的紀念日。這一天，我們停止自己的工作，記念祂為我們真正的創造主，所有的一切都歸功於祂。這個紀念日就是安息日。[10] 可悲的是，造物主和祂的紀念日在很大程度上已被世人所遺忘。

上帝是我們的創造主這一事實不應當有爭議。《聖經》自始至終清楚地表明，敬拜上帝的根本原因是因為祂是創造主。質疑上帝在創造世界中的角色已經變得非常普遍，甚至在基督徒圈內也是如此。達爾文進化論幾乎已被基督徒和非基督徒普遍接受。在一些基督徒圈子中，純粹的達爾文進化論已漸漸變成「演化創造論」（編註：又稱神導進化論，Theistic Evolution），其中論到上帝創造了宇宙的進化定律，並將其置於宇宙這個巨大的試管中，祂創造出必要的物質以展開其進化過程，然後將其全部啟動，經過了數十億年後就有了人類，繼而有了我們的這個世界。

第一位天使的信息對這個起源理論發出了挑戰。首先，《聖經》明確地指出上帝是創造主。這不僅是應不應該將〈創世記〉第1、2章理解為世界起源的古老暗諭而已。上帝是這個世界的創造主乃是整本《聖經》的立場！我們從〈創世記〉第1章中無可爭議地宣告上帝是創造主，因為〈創世記〉第1章載明：「起初上帝創造天地」，〈啟示錄〉4章11節也啟示了這一點：

「我們的主，我們的上帝，

祢是配得榮耀、尊貴、權柄的；

因為祢創造了萬物，

並且萬物是因祢的旨意被創造而有的。」

在這些章節之間以及在第一位天使的信息之中，我們會發現許多其他明確無誤的陳述指出上帝「是」這個世界的創造主。因為祂說有，就有，命立，就立。祂以自己的形象創造了世人，我們是祂的兒女。這是一個將我們與天父聯繫在一起的個人議題；它不是關於〈創世記〉解經的問題，而是關於整本《聖經》的解經問題。《聖經》從頭到尾，毫無疑問的指明上帝是創造主。事實就是如此。

上帝的創造幾乎要被在全世界的人遺忘了，這是否也說明上帝為幫助世人記得祂的創造而設立的紀念日，在很大程度上也被我們忽略了呢？要是人類記念安息日並將其守為神聖，我們就會想起安息日的意義，即敬拜獨一的造物主！約翰・內文斯・安德烈（J. N. Andrews）是我們教派的早期先鋒之一，他強調敬拜與安息日之間的這種聯繫：

「安息日為創世紀念日的重要性在於它始終顯示敬拜歸於上帝的真正原因」──因為祂是創造主，而我們是祂的創造物。「因此，安息日是敬拜上帝的基礎，因為它以最令人印象深刻

的方式教導了這個偉大的真理，沒有其他的制度做到這一點。敬拜上帝的真正基礎，不僅是在第七天，而是在所有的崇拜中，這是在造物主和受造物之間所看到的區別。這個偉大的事實永遠不會過時，也永遠不可被忘記。」[11]

在末時，上帝與撒但之間的善惡之爭，其主要與核心的問題就是敬拜。我們會選擇服從誰？我們要承認誰為我們的最高領導者？今天，全人類以言行宣告或行動聲稱自己為主。人文主義和達爾文主義否定了向任何人屈膝的需求。我們的使命是呼召世界敬拜真正的創造主；召集各地的人信奉他們的創造主，祂不僅在一開始就創造了他們，而且還將在「一霎時，眨眼之間，號筒末次吹響的時候」重新創造他們，使他們得與天父相交，也使他們恢復永生的喜樂（林前 15：52）。

號召

這將我們引向一個重要的觀點。第一位天使的信息乃號召我們熱切地與那些不認識耶穌的人建立橋樑。我們應當要受到這單一目標所激勵，向他們展示上帝的愛，並將深愛著他們至死的基督介紹給他們！我們「必須」分享這永遠的福音，必須呼召世界各地的男女來敬拜上帝，並且單單敬拜祂。對於受呼召去宣告這一末世信息之運動的上帝餘民而言，去與自己的鄰舍和同事分享永遠的福音不是個人選擇，傳福音乃是我們的使

命。這不是在眾多選項中去選擇一個來定義我們的存在。我們要像天使飛在空中那樣，堅定不移地努力，與世界分享這美好的福音，我們必須有這樣的急迫感，因為審判已經到了！上帝的使者寫下了這句勸告和鼓勵的話：「向世人傳達上帝的憐憫和拯救是教會不可拖延的責任。」[12] 你是否願意在你的生活和工作場所宣揚此信息呢？

總結重點

你如何總結第一位天使的重要信息呢？這對我們到底意味著什麼？首先，第一位天使的信息是向全世界發出的緊急邀請，要求他們接受基督的救恩，敬拜生命之源的上帝！這是非常緊急的信息，因為我們現在已經置身於末時，沒有時間可再拖延了，也沒有時間為那些很快就會過去的事情所分心。現在就是與永恆力量之源——耶穌基督建立聯繫的時刻。

但是，我們不可忘記最重要的問題：「這信息對你說了什麼？」你必須自己回答。我只能和你分享它對我說的話。對我來說它有兩個層面：就個人而言，這是充滿希望的信息。接受耶穌為我個人的救主和主宰之後，我不必害怕審判。事實恰恰相反；當我意識到，我現在正生活在世界歷史的最後階段，處在上帝復臨前的查案審判期間，這反倒使我充滿了期待和興奮的感覺。耶穌就快來了！

　　與此同時，這信息使我不斷將焦點注目在創造主身上，而不是放在我周圍的東西和事物上。這促使我欣然接受真正的敬拜生活，這意味著每天都必須盡可能尋求親近上帝的生活，而不是以最低限度的委身來度日。就像奧斯瓦爾德·錢伯斯（Oswald Chambers）寫了一本非常棒的著作，為其起的書名《竭誠為主》所說的一樣：「我願將最好的獻給上帝！你難道不想這樣做嗎？」

　　我誠願對這一令人難以置信的信息再補充一點最後的個人反思。這個信息令我感動。我要加入這個陣營，我也願意接受這個呼召，積極向全世界宣揚這信息，就在今天！你呢？

📝 註釋

❶ 啟示錄 18：1—7 的天使所宣講的與這三位天使的信息有直接的關係。我覺得這些是相互關聯的信息，可以視為是向世界傳達之同一最終信息的一部分。

❷ 桃樂絲‧伊頓‧華特斯，《起來！給青少年的晨鐘課》（Hagerstown, Md.: Review and Herald® Publishing Association， 2005），原文 321 頁。

❸ 同上。

❹ 同上。

❺ 懷愛倫，《傳道良助》（Washington D.C.: Review and Herald® Publishing Association，1915），原文 315 頁。

❻ 蘭科‧斯特凡諾維奇，《啟示錄》，原文 443 頁。

❼ 懷愛倫，《懷愛倫文集》17:7。

❽ 蕭恩‧蘭斯隆牧師，〈接納和給予〉，《評閱宣報》，12 月 18 日，2008，13。

❾ 大衛‧金納曼與蓋比‧里昂斯，《非基督徒》（Grand Rapids，Mich.: Baker Books，2007），原文 183 頁。

❿ 在第一位天使信息的後半部分，這裡提到了安息日使用的語言很清楚，它直接反映了第四條誡命的語言——出埃及記 20：8—11 的安息日誡命。

⓫ J. N. 安德烈，《安息日的歷史》，第 27 章，引述於懷愛倫《善惡之爭》，原文 437、438 頁。

⓬ 懷愛倫，《醫療佈道論》（Mountain View，Calif.: Pacific Press® Publishing Association，1963），原文 131 頁。

GETTING BACK
TO THE
HEART OF
ADVENTISM

復 . 臨 . 運 . 動 . 使 . 命 . 與 . 精 . 神

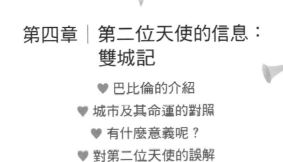

第四章 | 第二位天使的信息：雙城記

♥ 巴比倫的介紹

♥ 城市及其命運的對照

♥ 有什麼意義呢？

♥ 對第二位天使的誤解

♥ 不是新信息

♥ 有人在聽嗎？

♥ 總結重點

GETTING BACK
TO THE
HEART OF
ADVENTISM

第二位天使的信息：雙城記

「又有第二位天使接著說：

『叫萬民喝邪淫、大怒之酒的

巴比倫大城傾倒了！傾倒了！』」

（啟 14：8）

我喜歡衛星導航（GPS），它是一種方便的小工具，它甚至可以在不打開地圖的情況下引導你到達所要去的地方。因為工作關係，我經常需要去一些從未去過的地方，但我很安心。我下了飛機、租了一輛車、輸入我的目的地後，就開始開車前行。這個了不起的小機器與環繞地球數千英里的衛星不斷通信，一步一步引導我到達我要去的地方。

找到正確路線不見得總是輕而易舉。記得有一次我和朋友約翰在義大利羅馬旅遊，我們當時還在英國紐堡大學（New bold College）讀書。一次假期，我們來到了這座古老的城市。 那次輪到我看地圖以便尋找路線、穿過羅馬古老的街道到達目的地，但那一天我們的車這就麼剛好開到了著名的西班牙階梯。長話短說，其實我們迷路了；或說實話，是我自己搞錯方向而迷路！我感到困惑，完全搞不懂地圖上所指示的。

　　我終於對我的好友約翰承認我的困惑。約翰接過地圖看了一下，令我非常尷尬的是，他立即將我們帶到了我們所要去的目的地。

　　能稍稍彌補這一過程的錯誤是，我承認自己是感到困惑和迷失的。正是這一份坦承使我打開了一條路，讓我獲得所需的幫助，引導我走向最終目標。可悲的是，當今世上有許多人迷路了；他們對人生的方向感到困惑，但他們卻拒絕接受或尋求幫助。還有一些人不知道自己已經迷了路。第二位天使的信息就是針對這兩種人。對於那些生活在屬靈貧乏或屬靈混亂狀態的人，上帝的信息很清楚：巴比倫大城傾倒了！現在快從那城出來！

　　你可能會問自己：「宣告巴比倫傾倒、混亂，和屬靈貧乏有什麼關係？」這是個好問題。為了找到答案，讓我們從頭開始，就從《聖經》第一次提到巴比倫開始。

巴比倫的介紹

　　巴比倫從一開始就是為了反對上帝而建造的。〈創世記〉第 11 章講述了巴別城和塔的故事——他們在這地建造了一個塔頂通天的高塔，不為別的，只因為他們不相信上帝，寧願相信自己可以憑著雙手使生活和命運變得更好。聽聽這個後來成為

巴比倫的古代巴別的事蹟。「他們說，來吧！我們要建造一座城和一座塔，塔頂通天，為要傳揚我們的名，免得我們分散在全地上。」（第4節）

從一開始，巴比倫就是一個世人只相信自己，而不相信上帝的地方。再參照經文，他們說：「為要傳揚我們的名。」因此，巴比倫的行事動機是驕傲和自給自足，與上帝對立。那麼結果如何呢？人們因此陷入混亂。自私和自豪不會讓人團結，反而導致不團結。上帝介入並變亂口音，因此根據〈創世記〉11章9節，那個充滿自我（I）、以自己為是的地方，其名稱變成了「巴別」，意思是「混亂」。

難怪「罪」（sin）這個字中間的英文字母是「I」（我）。巴比倫因自稱為王、不以耶和華為君王，就受了困惑和迷惑。在末時，這個被預言為巴比倫的城市也是一個混亂的地方。巴比倫代表了那些在地上選擇與上帝對立的人，因此，他們就被稱為混亂和被誤導的。有趣的是，在〈啟示錄〉中，第二位天使的信息首先提到了巴比倫，這是我們在〈啟示錄〉第一次聽到了巴比倫一詞，也使我們意識到巴比倫原來不是指一座光榮、強大而不可動搖的城市。錯了，相反的，它就像重複了古老巴比倫遭受的命運一樣，早已傾倒、毀壞。

巴比倫的力量——源於它的自以為是，以自我為中心的智

慧和洞察力——終歸烏有。「巴比倫大城傾倒了！」為了讓大家更清楚明白這件事，天使再次重申了判決：「傾倒了！」

城市及其命運的對照

巴比倫傾倒的審判與另一座城市——新耶路撒冷的景象形成了鮮明的對比。新耶路撒冷非但沒有被摧毀，反而是打扮成「新婦妝飾整齊，等候丈夫」（啟 21：2）。巴比倫的居民注目於自己，新耶路撒冷的居民注目於耶穌；巴比倫的居民堅持以人為本的宗教制度，而新耶路撒冷的居民是「守上帝誡命和耶穌真道的」（啟 14：12）；耶穌的追隨者試圖將生命之水傳給那些渴望與上帝建立有意義關係的人，而巴比倫及其混亂的社區則「叫萬民喝邪淫、大怒之酒」（第 8 節）。在巴比倫，沒有自由意志，她將自己的觀點強加給世界上所有的國家，而耶穌卻是邀請所有願意的都「來到祂那裡」；巴比倫霸佔世界，試圖強迫每個人為健康和幸福吞下她的「命令」。

難怪這酒——聲稱可以治病的地獄丹藥，會被描述為善與惡的混和物。我們在「淫亂」一詞中看到了這一點。淫亂意謂著脫離正當的關係，濫用上帝只賦予祂所設立為聖之婚姻的結合才享有的喜樂。它卻將善與惡混合在一起。

與緊接在三位天使信息之後所描述的、那些 144,000 個童

84

女相比，巴比倫的領導和居民都是淫亂之人。[1] 這樣的對比是否夠清楚呢？第二位天使在第一位天使飛越空中之後，就向世界宣告巴比倫傾倒了。它瓦解了。天使拉開簾幕，讓世界清楚地看到，巴比倫終究不是一個安全的避難所。對於渴望安全的世界而言，基督的教會在通往這個城市的城門上蓋了印，上頭寫著：「危險！避開！巴比倫傾倒了！」第二位天使將所有願意接受邀請的人帶進一個更美好的城市——新耶路撒冷，而非巴比倫。

從某種意義上來說，第二位天使的信息是對自我檢視的呼籲。呼籲世人檢視自己，以確保他們所堅持的信心和信仰建立在堅實的基礎上：他們自己所堅持的，真的是基於上帝的話嗎？

〈啟示錄〉18 章 4 節再次發出了離開巴比倫的邀請，當時約翰聽到天上有聲音說：「我的民哪，你們要從那城出來，免得與她一同有罪，受她所受的災殃。」我們奇妙的上帝並沒有在宣告了那將臨的毀滅之後就離開繼續做祂自己的事情。不，在基督裡選擇永生的邀請總是仁慈地為人敞開。耶穌呼召祂的民，就是那些仍在徘徊或誤入巴比倫網羅的人，呼召他們在為時已晚之前能轉離回家！

有什麼意義呢？

我們既然知道了三天使出現在世界最後審判發生的末時，那第二位天使的信息對今天的我們而言有何意義呢？我們到底應該向一個毫無戒心的世界宣告什麼？原本的巴比倫大城位於伊拉克，如今它只是一堆瓦礫。那麼，重點是什麼呢？

這個信息的重點是，我們身為一個以天使為代表的教會，受上帝呼召起來去警告所有信奉人為宗教制度的人，為的是使他們停下腳步並思考他們走的危險之途。我們需要去邀請那些願意檢視自己的人。我們受邀發出這個問題：「我的信仰基礎是什麼？」答案必須是：「我的信仰是建立在基督和上帝的聖言之上。」

作為教會，我們將這座象徵性的巴比倫大城解釋為一種非《聖經》的信仰體系，其中大部分起源於羅馬天主教。隨著時間的流逝，羅馬教皇有意識地公開將其非《聖經》的思想納入其教義體系，有恃無恐且肆意妄為的進行。在教會的議會上，她公開蔑視《聖經》的「耶和華如此說」，而將馬利亞封為天庭的女王，又追封無數的聖徒，並接受希臘化的二元論哲學，從而傳講人死後有永恆不滅的靈魂。此外，它公然宣稱星期日是基督教時代的新安息日，甚至篡改了上帝以自己的手指所寫的十誡。她的篡改還不只這些，但關鍵是，所有這些半真半假的真理和錯謬，在沒有根據《聖經》的權威之下，就被認定、

宣講，並強加在好幾代的信徒身上。可悲的是，大多數新教教會都跟隨著她，欣然接受羅馬天主教領袖所虛構有關上帝、基督和救恩的非《聖經》信仰，即使在今天，這些教義都可能會危害許多信徒並最終將他們帶往欺騙者的懷裡。

　　在定義巴比倫時，我們應擴大其範圍。第二位天使的信息不僅是針對那些被誤導、迷惑的基督徒，使他們在人為的屬靈大城中享受虛假的安全感；我相信這個信息也是對世界上所有其他主要宗教制度的警告，例如佛教、伊斯蘭教和印度教；這信息也可能是給那些雖自稱為復臨信徒、卻依靠除耶穌基督寶血以外的事物作為他們救恩之人！從本質上說，天使向世界宣告，任何希望通往永生之路、卻繞過永遠福音的道路，實際上都是一條死路。因此，作為教會，我們個人和團體的責任，就是向全世界宣講這一警告信息。

　　我們使命的定義就在此。我們被呼召邀請世人從巴比倫出來，回到耶穌和祂的真道上。我們受呼召向那些相信半人半神的這種屬靈模式之下的人說：「順服主耶穌，祂愛你並希望在新耶路撒冷為你建造一個永恆的家。今天就從巴比倫出來，並藉著基督的拯救，進入新的上帝之城——天上的耶路撒冷！」

對第二位天使的誤解

許多讀到這個信息的人會感到害怕。它似乎太武斷、黑白分明，並且十分教條化又死板。我們之所以有這種感覺，是因為我們是我們文化的產物。相對主義是當今的主流——但只適用於我們生活的某些領域。這是什麼意思呢？如果這與個人的價值觀有關，別人就會勸我們不要太死板。在現代所謂進步的思維方式中，絕對的道德是不存在的。在這種情況下，《聖經》只拿來作為參考資料，是為了替某些當下受到青睞的立場辯護。

但是，如果議題的領域涉及到科學或人和宇宙的起源，那麼真理就是絕對的權威，而相對主義則不被認同，因為證據是講究涇渭分明的。最近，在《驅逐進化論》（Expelled: No Intelligence Allowed）紀錄片中尖銳地強調了這種觀點。這部紀錄片揭露了那些不接受達爾文進化論為既定事實和真理的人，是如何遭受了廣泛和系統性的打壓。在生命起源的探究上，整個國家及整個世界只允許一種理論，而壓制其他科學理論。這個問題以非黑即白的形式呈現。然而，這些拒絕討論多種起源理論的人，卻同時又要求他人在道德和靈性的議題上保持接受和開放的觀點。這種相對主義影響了我們的整個文化。因此，當有一幫人被上帝呼召，出來反對一個非聖經的信仰體系時，這個信息就被視為具有排他性和歧視意味。

那些對此信息感到不舒服的人，讓我提醒你兩件事：首先，《聖經》是上帝所啟示的旨意，這是祂的話，而不是人類的繆思。從〈創世記〉到〈啟示錄〉，我們可以清楚區分那些生活在黑暗中和那些選擇生活在光明中的人，還有那些跟隨上帝的人或跟隨祂敵人的人之間的分別。這種二分法乃是依據人對上帝命令的回應而將人分為兩組，這在整本《聖經》中是一個反覆出現的主題（路 16：13；約壹 1：5-7）。

這三位天使的信息突顯了這種遍及世界的黑與白、善與惡的鴻溝。〈啟示錄〉第 12 章描述了基督和祂的子民、一直到祂的餘民，抵抗著撒但和他的勢力。〈啟示錄〉第 13 章描繪了上帝最後的信徒與龍以及代表祂勢力的海獸和地獸之間的明顯衝突。戰爭是真實的，沒有中間地帶，也沒有無人地帶！第二位天使的信息是上帝由來已久的最後一個呼召，呼召世人選擇上帝，而不是被魔鬼的詭計所欺騙。

第二，這個信息雖然在我們這個時代被視為文化上的遲鈍、政治上的錯誤，但這並不是什麼新鮮事。因為這都是早已被宣講過的信息，只是情景可能有所不同。在第二位天使的信息中，這個警告的口吻可能更強烈、更可怕，但信息的內容卻是存在已久。

不是新信息

你還記得挪亞嗎？他宣講了一百二十年。他不斷懇求；他用他虔誠的生活方式和他孜孜不倦的言語來警告世界即將來臨的厄運，並呼籲所有願意放棄罪惡的人進入方舟。當時的巴比倫還沒有傾倒，但很快就將被洪水淹沒。挪亞古時的警告與當今教會的信息相同。我們的信息稱為第二位天使的信息，而挪亞的是一個大洪水前的警告！

那麼，羅得呢？在他的例子中；不是三位天使，而是兩位天使給了他明確的警告信息。他必須在所多瑪和得救之間做選擇。只有 A 或 B，沒有 C 的選項可供選擇，也沒有「以上皆是」或「以上皆非」的選項。他只有逃離這座城市，或是跟它一起被毀滅的選擇。所多瑪的巴比倫還不是一座墮落的城市，但它很快就會被燒毀。

《聖經》中還有許多其他例子；如約書亞，他在生命的盡頭到來之前，站在人民面前，提出了一個不識時務的問題：「若是你們以事奉耶和華為不好，今日就可以選擇所要事奉的：是你們列祖在大河那邊所事奉的神呢？是你們所住這地的亞摩利人的神呢？至於我和我家，我們必定事奉耶和華。」（書24：15）同樣的，我們今日也要在真神與假神之間做出選擇。你不能事奉兩個主人。不可能的！在這一決定性的日子，約書亞堅持

他的決定，選擇事奉以色列的上帝。那天，叛教的巴比倫還沒
有完全傾倒，但這座城市很快就會讓其崇拜偶像的人民遭受數
十年的囚禁和苦難。

保羅也傳揚了第二位天使的信息。你可以在〈哥林多後書〉
6 章 17、18 節中看到他宣告這一點，並引用〈民數記〉的經文。
他寫到：

> 「你們務要從他們中間出來，與他們分別；
> 不要沾不潔淨的物，我就收納你們。
> 我要作你們的父；你們要作我的兒女。
> 這是全能的主說的。」

信息很清楚；當事奉上帝，欣然接受祂純淨的話語，棄絕
不潔或污穢。願主將你擁入懷抱、使你成為永恆的一份子！只
有 A 或 B 兩種選擇；所以我們必須要在光明與黑暗之間、真相
與半真半假或完全錯誤之間、在耶穌或撒但之間做出選擇。

如果我們不宣告此信息，誰來宣告呢？排山倒海的騙術即
將來臨，上帝呼召祂的餘民、祂末時的挪亞、祂的教會，起來
警告世人即將發生的一切，並呼喚世界回到耶穌的家中！

有人在聽嗎？

儘管我們處於虛假主義和文化相對主義如此強烈和危險的浪潮中，但我們深信這一信息的宣告將產生預期的結果。上帝呼籲祂所愛的子民離開巴比倫、到耶路撒冷與祂同住，這呼召將感動許多人的心。懷愛倫描述了即將發生的事情，以及在不遠的將來所要發生更大的事：

在上帝最後一次的審判臨到地球之前，上帝的子民將有敬虔的復興，這是使徒時代以來從未見過的。上帝的靈和大能必沛降在祂的兒女身上。那時，將會有許多人從愛世界過於愛上帝與祂聖言的教會離開。傳道人和信徒都將欣然接受上帝此時所宣揚的偉大真理，使人們為耶穌的第二次復臨做準備。[2]

總結與重點

我經常擔心，我們接受了太多現代文化，以致復臨教會對預言性的發聲似乎要放棄並動搖了！有時，我們對於被賦予宣揚這警告的信息——我們存在的意義——幾乎快要聽而不聞了！這是多麼可悲！如果我們忘記了自己的使命，我們很快就會坐在教會長椅上、列為那些「令人滿意、受人尊敬」的基督徒行列中。就像先知約拿一樣，在船上自鳴得意卻是走錯了路，我們會感到很安逸，但一無所獲。

在第二位天使的信息中，我們已經明確地受命進行工作。我們根據上帝的聖言，以堅定、勇敢和主的憐憫與溫柔，向世界宣告。按照習慣或傳統方法來做事的時代已經過去。永遠的福音呼召那些領受這奇妙恩典的人，要謙卑地服從上帝的聖言，這是唯一的信仰法則。《聖經》的原則隨著時間的流逝而被扭曲——例如律法與恩典之間的關係、神聖的安息日、人類死亡的狀態、耶穌的復臨以及死去之義人的復活——所有這些清楚的教導都必須被大聲宣揚。透過末世呼召的鼓舞成為上帝警告世界的媒介以及祂末時的預言之聲，我們必須向全世界宣揚這信息！

我們不可、也絕不能放棄我們的使命。我們必須大膽宣揚所有三位天使的信息，並以堅定不移的信心相信我們並不孤單。大使命的基督、〈啟示錄〉中的羔羊，以及差派這三位天使的慈愛之主，祂將永不離棄我們——即使是世界的末了！

📝 註釋

❶ 鄧肯，《啟示錄的祕密》，原文第 127 頁。
❷ 懷愛倫，《主必再來》（Washington，D.C.: Review and Herald® Publishing Association，1976），原文第 33 頁。

GETTING BACK
TO THE
HEART OF
ADVENTISM

復 . 臨 . 運 . 動 . 使 . 命 . 與 . 精 . 神

第五章 | 第三位天使的信息：
印記、敬拜和使命

♥ 另一個在夜晚的大呼聲

♥ 再次提到敬拜

♥ 敬拜的日子是最終的考驗

♥ 上帝以酒還擊

♥ 火、硫磺及上帝不尋常的行動

♥ 魔鬼在設陷阱

♥ 天上的聽眾又如何呢？

♥ 忍耐和聖徒

♥ 對獸的印記的誤解

♥ 這些事意味著什麼？

GETTING BACK
TO THE
HEART OF
ADVENTISM

第三位天使的信息：印記、敬拜和使命

又有第三位天使接著他們，大聲說：

「若有人拜獸和獸像，在額上或在手上受了印記，

這人也必喝上帝大怒的酒；

此酒斟在上帝忿怒的杯中純一不雜。

他要在聖天使和羔羊面前，在火與硫磺之中受痛苦。

他受痛苦的煙往上冒，直到永永遠遠。

那些拜獸和獸像，受牠名之印記的，晝夜不得安寧。」

聖徒的忍耐就在此；他們是守上帝誡命和耶穌真道的。

（啟 14：9-12）

讓我們來總結一下到目前為止我們所涵蓋的內容。首先，我們作為復臨信徒的身分與我們的使命密不可分。〈啟示錄〉第 14 章三位天使的信息簡明扼要地描繪了我們的使命。如果我們忽略或對這些信息不置可否，就會破壞我們存在的意義。另一方面，當我們接受了上帝的呼召去落實我們的使命時，我們就會看見祂的賜福滿盈。當我們充滿活力、堅定地宣講這些信息時，教會將經歷最大的屬靈成長和信徒人數的增長。

懷愛倫深刻及權威地總結了這一使命：「在一種特別的意

義上說來，基督復臨安息日會的信徒是作為守望者和擎光者的身分被安置在世上的。他們受了重托，要把最後的警告傳給這將亡的世界，從《聖經》中有奇異的亮光照在他們身上。上帝已託付他們一項最嚴肅的重要工作，即傳揚第一、第二和第三位天使的警告。再沒有比這更重要的工作了！他們不可讓任何其它的事吸引他們的心神。」[1]

你是否抓到了這段引文的含義？我們有一個使命！就是要宣告三位天使的信息。故此，其他事物——不論多麼珍貴，都不應當使我們的注意力從這個已定義我們生命的目標移開。別無其他！懷愛倫繼續說道：「上帝已經把這最嚴肅的真理託付給我們，要我們去傳給天下萬民。傳揚這些真理就是我們的工作。全世界的人必須聽到警告。上帝的百姓務必忠於交付他們的委託」，[2]因此，這本書的目的只是為了簡單地提醒上帝的餘民重新擺正我們的使命——應以全副身心投入的使命——宣告三位天使的信息。

我們發現，第一位天使的信息基礎是向世界各地宣揚永遠的福音。第一位天使為這三個信息定下了基調，提醒我們所有的真理都圍繞著耶穌基督。第一位天使的信息也大聲呼召世人要儘快接受既是救主又是主的耶穌，因為現在已經是末時了。基督復臨之前的查案審判已經開始。我們要向全世界宣告，現在是時候宣誓效忠基督，並透過敬拜創造主獨一的真神來表明

這一忠誠。

我們了解到，第二位天使的信息僅僅是呼籲對上帝的完全委身，呼籲放棄任何將上帝之真理與人類傳統相結合的宗教制度。這是上帝的邀請，上帝要祂的兒女們離開巴比倫，移居至新耶路撒冷。耶穌自己一直在那裡為所有願意接受祂盛情邀請的人做準備（約 14：1-3）。

另一個在夜晚的大呼聲

現在，我們來到第三位天使以及上帝給予世人最嚴肅的信息。與第一位天使一樣，他也「大聲說」。但他的信息與第二位天使的信息不同，該信息不是簡短的。這最後的信息充滿了絕望和災難的語氣。實際上，我在此要挑戰所有的人，不妨向我指出在整本《聖經》中，是否有比〈啟示錄〉14 章 9-12 節更可怕、更嚴肅或更具威脅性的經文？

為什麼上帝如此直接？因為時間不待人！基督與撒但最後一輪的善惡之爭已經開始。沒有時間再拐彎抹角。這最後的信息拋開所謂政治正確的術語，將信息和盤托出。如果我們選擇與上帝分開，我們的命運就注定了。如果我們與上帝隔離，我們就是選擇站在那將被扔在硫磺火湖裡的撒但、獸和他的跟隨者的身邊（太 25：41；啟 20：10）。這就是為什麼向上帝末時子民

傳信的懷愛倫指出：「第三位天使的信息應被視為至高無上的。這是一個生死攸關的問題。這條信息給人的印象將與它所宣告的認真和嚴肅相稱。」[3]

再次提到敬拜

信息以「若有人拜」開始。正如我們在第一個信息中看到的那樣，這第三個信息的主題顯然是敬拜。但在這裡，真正敬拜的問題得到了更明確的定義，並與錯誤敬拜形成了對比。那些守上帝誡命和耶穌真道的人，在天使所說的、敬拜獸與敬拜上帝之間劃出了界線。這個對敬拜的關注不應令我們感到驚訝。我們已經注意到，在〈啟示錄〉第 12-14 章的三章中，「敬拜」一詞被使用了八次！在〈啟示錄〉的中間篇幅和中心點，簾幕被揭開，我們被引到宇宙敬拜中心的正中央。一切就如在起初的伊甸園中，敬拜是上帝與撒但之間最終衝突的核心。

起初，亞當和夏娃每天都敬拜上帝，並透過服從上帝的命令來表達對祂的敬拜。直到他們選擇屈服於蛇——即魔鬼，沒有跟隨上帝的那一天，情況才出現變化（創 3：1-7）。在人類開始於罪惡的沙漠中悲慘地崎嶇行走之時，那能夠揭示內心狀況及其真正敬拜對象的外在考驗，其實就像一片水果一樣簡單。從本質上，水果本身沒有任何毒害或罪惡。分別善惡樹上的果實僅僅是揭示亞當和夏娃是否忠誠的一個工具。到了末時，上

帝與蛇再次對峙，人類被要求做出選擇，決定他們要敬拜誰。但這一次，上帝的考驗並不是在禁止吃禁果的命令上。反之，它以上帝的命令為焦點，「當記念安息日，守為聖日」（出20：8-11）。就像起初的試驗一樣，這個 24 小時、我們稱之為「Saturday」、「Sabado」，或「星期六」的日子並沒有什麼特別之處。它就像週五、週日或其他日子一樣。重點不是試驗的工具而是試驗的目的，要確定誰是我們生命中的主宰。我們向誰俯伏屈膝？我們敬拜誰？誰是我們生命中的主？在世界歷史的盡頭，那些跟隨上帝的人會選擇遵守上帝的誡命，特別關注要求人類敬拜造物主的這條誡命上（出20：8-11；啟14：7）。

因此，最終那些選擇跟隨上帝的人將得到上帝認可的「印記」（啟7：3、4）。這個印記意味著他們屬於上帝。〈提摩太後書〉第 2 章所描述的文字或圖章蓋在跟隨主的每個人的心上：「然而，上帝堅固的根基立住了；上面有這印記說：『主認識誰是他的人』；又說：『凡稱呼主名的人總要離開不義。』」（2：19）[4] 這正是上帝末時的餘民。他們認識並屬於耶穌！

蓋印或標記一個人的做法並非新約所獨有。例如，用錐子穿僕人的耳朵，以表明他屬於某個主人（出21：6）。割禮亦是一種標誌，表明受割禮的人是屬於上帝的，是祂以色列選民的一部分（創17：9-12）。碧翠絲·尼爾（Beatrice S. Neall）指出，額頭上的印記讓人想起以色列的大祭司，以色列大祭司戴著頭巾，

頭巾上有牌，上面刻著「歸耶和華為聖」。此標記表明大祭司完全獻身於上帝（出 28：36-38）。她繼續指出，因為聖徒在〈啟示錄〉中被稱為祭司（啟 1：6；5：10；20：6），正如〈彼得前書〉2 章 5-9 節中一樣，所以聖徒額頭上的印記也表示對上帝的特殊奉獻。[5]

因此，將上帝的印記蓋在他們的額頭上是一個適當的位置，因為選擇的能力在大腦。本質上，那些跟隨上帝的人選擇了與祂建立永恆的聯繫。這種選擇的證據體現在「聖徒的忍耐」和他們「是守上帝誡命和耶穌真道的」。他們的命運現在與上帝的命運緊密聯繫在一起。如今，永生是他們的命運了！

與「上帝的印記」相反，〈啟示錄〉14 章 9 節講述了另一個印記或標記的故事，這印記或標記被印在所有敬拜「獸及獸像」的人身上。在跟隨獸、或他的使者地獸（啟 13：11）之人的右手或額頭上，都蓋有這個印記。可悲的是，那些不願與上帝結盟的人最終將蓋上獸及獸像的印記。[6]

在世界的最後一戰中，沒有妥協或觀望地帶。就像只有部分服從一樣，一心二意的敬拜根本不能算是敬拜（雅 2：10）。

敬拜的日子是最終的考驗

從復臨運動開始——實際上是從 1847 年 1 月由貝約瑟（Joseph Bates）開始，我們就已經被教導並相信第四條誡命是被羅馬教皇強行篡改的一條誡命。它將在試驗的最後階段扮演核心的角色。[7] 正如喬治・奈特（George Knight）所說，貝約瑟經過大量的祈禱和研究，得出的結論是：「上帝會興起餘民，他們將在耶穌復臨之前宣講這三位天使的信息。他認為安息日復臨信徒的發展趨勢是一個預言運動。」[8]

貝約瑟之所以得出這一結論，是因為在這些信息的內容以及其上下文中，這些指標都表明上帝的誡命將是世界末時衝突的中心。

首先，當我們於〈啟示錄〉第 11 章 19 節受邀一窺至聖所，以觀看上帝的〈十誡〉的置放處——約櫃時，以誡命為中心的主題就已經開啟。接下來，經文就向我們介紹上帝末世的信徒，他們兩次被描述為「守上帝誡命」的人（啟 12：17；14：12）。

最後，當第一位天使呼召人類回到對造物主的敬拜——就是「應當敬拜那創造天地海和眾水泉源的」（啟 14：7）之時，他便暗示了上帝乃是用自己的手，親自寫下第四條誡命。

〈十誡〉的前四條直接涉及我們與上帝的關係，因此也與敬拜的問題息息相關。這些誡命中的每一條都遭到撒但扭曲並直接攻擊。下列對照表說明了這一點。

〈十誡〉	獸的末時攻擊
出 20：3 除了我以外，你不可有別的神。	**啟 13：4** 接受對世界的敬拜。
出 20：4 不可為自己雕刻偶像。	**啟 13：14、15** 為自己造像，並強迫世界敬拜它。
出 20：7 不可妄稱耶和華你上帝的名。	**啟 13：5** 說褻瀆的話。
出 20：8 當記念安息日，守為聖日。	**啟 14：9** 獸的印記；假安息日。

第三位天使的信息對所有想跟隨獸而不跟從上帝的人發出警告。這是一個全球性的警告，預示所有選擇敬拜和服從上帝以外的人的最終後果。你能看到我們的角色有多重要嗎？我們生活在這樣一個時代及世界，尤其是福音派基督教會之外的世界，這些人普遍認為誡命已經過時且無關緊要。再來還有真誠守星期日的基督徒，幾乎毫無例外地認為第四條誡命與今天的基督徒無關——但他們的主張沒有任何《聖經》依據。

作為一個宣講三天使信息的餘民教會，我們受命與兩種截然不同、但同樣重要的聽眾說話。一方面，我們被要求將基督被釘在十字架上、成為永遠的福音一事傳給那些尚未認識自己

與耶穌救贖關係的人。我們必須把福音傳給未接觸教會的人。

另一方面，我們不得不與其他教派的真誠基督徒朋友接觸，並向他們指出上帝的聖言和祂不變的誡命。我們還必須向他們指出，基督即將復臨，以及迫在眉睫的善惡之爭是圍繞在敬拜的問題上。對第一種人，我們希望成為上帝救贖他們的工具。而對於第二種的人，我們希望成為警告的聲音，邀請他們堅守上帝的聖言，而不是聽從那建立在薄弱基礎上的傳統和權宜之計。我們對這兩個群體都有使命。我們不能只專注於一個而犧牲另一個。

因此，第三位天使對所有敬拜獸而不敬拜上帝，以及在額頭或手上受了獸的印記之人發出警告。我同意解經家得出的結論，這個印記不是在額頭或手上植入微晶片，也不是一個出於宗教動機的紋身圖案。它並不是一個可見的印記。[9] 而是，在有關末時專注於敬拜和第四誡的背景下，獸的印記將由遵守獸所命令的假敬拜日來證明。[10]

鑑於獸的印記帶來的可怕後果，這個印記必須是可驗證和可辨別的。畢竟，面對上帝時，人是無可推諉的。正如羅伊·艾倫·安德森（Roy Allan Anderson）所說，獸的印記「必須清晰明確。上帝的憤怒不會保留作為對未知罪行的懲罰」。[11] 它必須是明確的。我們對上帝的愛和我們對基督委身的程度，不會像

當初那樣以禁果試驗，而是藉著選擇在哪一天敬拜表明。

最後，上帝的聖徒將遵守祂所有的誡命，在第七天安息日敬拜。那些選擇照自己的方式解釋敬拜並且聽從羅馬教皇領導的人，將把另一天定為聖日，絕大多數是在星期日。

請不要以為這是敬拜第一次在辨別內心意圖上扮演至關重要的角色。還記得該隱和亞伯嗎？該隱如此憤怒以至於他犯下了歷史上的第一起兇殺案，這是什麼原因？難道不是上帝拒絕了他的敬拜行為嗎（創4：5）？就在伊甸園門外，該隱已經在嘗試以自己的方式敬拜了！雖然該隱沒有蓋上獸的印記，但他也獲得了一個印記，這個印記清楚地告訴所有與他接觸的人，他不再是上帝的跟隨者。他對上帝和祂命令的漠不關心導致他犯了謀殺罪。這一切始於他選擇以自己的方式來敬拜上帝（創4:15）！再一次，到了末時，不是一個人，而是全世界大多數的人都會敬拜獸和獸像，並且由於他們自己的選擇而受了印記。這次，印記將他們標識為撒但的追隨者。那些愛耶穌勝過生命的人會選擇樂於遵守祂的誡命，並得到祂的認可。試驗的試金石將是——誰是你敬拜的對象？

上帝以酒還擊

我們通常不會想到上帝會將一杯酒給祂的受造物喝。但是，

在向世人宣告的第三個、也是最後一個信息中，[12] 上帝藉著「叫萬民喝邪淫、大怒之酒」（啟 14：8）來回擊巴比倫強加給世界的屬靈飲料，並且指出「這人也必喝上帝大怒的酒；此酒斟在上帝忿怒的杯中純一不雜」（第 10 節）。

這不是《聖經》第一次使用這個描述上帝報仇和公義的隱喻。有三個例子值得一提。首先，關於惡人的論述中，約伯在聖靈感動下寫道：

> 「願他親眼看見自己敗亡，
>
> 親自飲全能者的忿怒。」（伯 21：20）

在〈以賽亞書〉51 章 17 節記載：

> 「耶路撒冷啊，
>
> 興起！興起！站起來！
>
> 你從耶和華手中喝了祂忿怒之杯，
>
> 喝了那使人東倒西歪的爵，
>
> 以致喝盡。」

最後，〈詩篇〉的作者也說：

> 「耶和華手裡有杯，其中的酒起沫，
>
> 杯內滿了攙雜的酒；祂倒出來，
>
> 地上的惡人必都喝這酒的渣滓，而且喝盡。」（詩 75：8）

有趣的是，這裡的酒是完全混合的，而在第三位天使的信息中，酒是「最大強度」或按字面意思是「未稀釋的」。新約學者蘭科‧斯特凡諾維奇（Ranko Stefanovic）解釋說，在遠古時代，有些人會將酒與各種香料和草藥混合在一起，這有助於增加其後勁。[13] 在其他情況下，人們會用水來淡化酒，使它不會那麼烈，或者使酒變得較清淡。但是在第三位天使的信息中，酒沒有被稀釋。當上帝憤怒的最後一杯酒被澆灌在那些選擇悖逆祂的人身上時，憤怒也不會被稀釋。因為上帝被定義為愛，所以當祂憤怒的酒沒有愛或憐憫混合其中，或被沖淡之時，這的確是祂「不尋常的復仇行為」（賽 28：21）。

火、硫磺及上帝不尋常的行動

罪惡在地上的最後下場不會是美好的。第三位天使尚未完全描述這場吞噬跟隨撒但及其同夥之人最終的悲慘畫面。經文繼續說，獸的追隨者，就是選擇遵守撒但的誡命和相信龍的人，將「在火與硫磺之中受痛苦」。這些畫面使我們想起了所多瑪和蛾摩拉這兩座城市被火毀滅的描述（創 19：24），這兩座城市被用來說明地獄般的大火及其破壞性之強大（猶 7）！火非常之大！沒有人能逃脫。撒但、他的使者以及所有蓋上獸印記之人的滅亡將是徹底而永恆的。就像所多瑪和蛾摩拉古城一樣，地獄將燃燒直到所有能夠被燒毀的事物都被燒盡。

舊約先知瑪拉基描述了上帝復仇這個偉大而可怕的日子。他說：

> 「萬軍之耶和華說：
>
> 『那日臨近，勢如燒著的火爐，
>
> 凡狂傲的和行惡的必如碎稭，
>
> 在那日必被燒盡，根本枝條一無存留。
>
> 你們必踐踏惡人；
>
> 在我所定的日子，
>
> 他們必如灰塵在你們腳掌之下。
>
> 這是萬軍之耶和華說的。』」（瑪4：1，3）

但是這個章節也包含給予跟隨上帝之人的應許。

「但向你們敬畏我名的人必有公義的日頭出現，其光線有醫治之能。你們必出來跳躍如圈裡的肥犢。」（瑪4：2）

在上帝這個可怕和具全面破壞性的行動之中，我們仍然可以找到好消息。因為，正如第三位天使所說的信息那樣，那些屬於基督的人一直在耐心地等待著上帝的救贖（啟14：12）。在上帝偉大的公義行動之時，我們也看到了祂偉大的救贖行為，因為當罪惡被消滅時，聖徒最終被帶到了新世界，從罪惡及其後果中被洗淨了（啟21：1）！

在罪惡和罪人被毀滅之後，死亡將永遠消失，再也不復存在，〈啟示錄〉第19章的預言最終將得以實現。「此後，我聽見好像群眾在天上大聲說：哈利路亞！救恩、榮耀、權能都屬乎我們的上帝！祂的判斷是真實公義的；因祂判斷了那用淫行敗壞世界的大淫婦，並且向淫婦討流僕人血的罪，給他們伸冤。又說：哈利路亞！燒淫婦的煙往上冒，直到永永遠遠。」（啟19：1—3）

魔鬼在設陷阱

在這些關於罪的最後懲罰及其可怕和嚴厲的警告中，我們也被提醒，善惡之爭發生在兩個對立的力量之間——即那些追隨上帝的人和那些反抗祂的權威並追隨撒但的人。上帝為了能夠營救祂的子民並使我們的星球恢復其昔日伊甸園的榮美，祂必須兼顧慈愛與公義。在今天，我們似乎比較喜歡上帝的慈愛勝過上帝的公義。但是，沒有了後者，我們真的能擁有前者嗎？

當我們宣揚永遠的福音，並將其正確地聚焦於上帝的救贖之愛，以及所有跟隨上帝羔羊的人所得到的保證時，我們不能丟棄或否認上帝的公義！我們必須記得，魔鬼總是在設陷阱以攻擊我們！他不在乎我們掉進哪個陷阱；因為結果對他來說都是一樣的。有些人擁護一項宗教理論，強調上帝的愛和賦予生命的力量，卻完全排除了對惡人執行審判的神學觀。這個信念

的結果是普世主義，即無論他們的宗派、信念或選擇如何，所有的人都將獲得拯救。

　　其他人則對上帝的執政能力和祂超凡的聖潔困惑不解，他們相信上帝將門檻定得很高，以至於幾乎沒有人能夠得救；因此世人接受基督並與上帝和睦相處，心中充滿救恩的想法，是不可思議的。對他們來說，這種保證接近異端。這兩種極端和陷阱都是危險的。我們的主既是救主，也是審判者。正如喬治・奈特（George Knight）指出，有些人會樂於只傳符類福音的基督——治癒、鼓勵和愛護世人的那一位。但是，奈特指出：「將符類福音中的基督與〈啟示錄〉中的基督分開，是一個嚴重的錯誤。這兩個信息都是來自祂的。」[14]

　　對於一個被智能炸彈、路邊炸彈和核子炸彈不斷威脅籠罩的世界來說，上帝最終將毀滅罪惡以及伴隨而來之苦難的信息確實是個好消息！這是我們被呼召宣揚之信息的一部分。我們的使命是讓世人知道，透過選擇上帝並接受祂獨生子的犧牲作為贖罪祭，祂的寶血就將被塗抹在他們心中的門楣上，使他們獲得安全以及上帝之愛的保證。在那可怕的毀滅之日，當復仇的天使從頭頂掠過時，上帝的怒氣將掠過他們，而只針對那些拒絕祂寶血之人以及選擇在另一個神的臂膀中尋求安全的人，而那個神其實根本就不是神。

天上的聽眾又如何呢？

我們必須提到另一點，這也是第三位天使重要信息的一部分。在描述了惡人的滅亡之後，天使警告說，滅亡將「在聖天使和羔羊面前」進行（啟14:10）。這看起來是不是有點可怕？不，一點也不。這都與對比有關。

首先，〈啟示錄〉第14章11節指出那些遭受地獄之火的人「晝夜不得安寧」。請注意，這兩節經文與上帝的信徒之死形成鮮明對比，有聲音說：

> 「從今以後，在主裡面而死的人有福了！
> 聖靈說：『是的，他們息了自己的勞苦，
> 　　作工的果效也隨著他們。』」

注意，那些跟隨耶穌的人享有安息。而那些跟隨撒但的人根本沒得安息。

其他對比如下。在〈啟示錄〉第3章5節，基督應許那些穿上祂公義白袍之人的名字將被記錄在生命冊上，基督說：「要在我父面前，和我父眾使者面前，認他的名。」這幫義人得到基督美好的保證。在那裡，公義的男女被介紹給天上聚集的天使。然而，可悲的是，這些天使也將見證那些名字沒有記錄在

生命冊上之人的毀滅。

我們必須傳達給世人的信息是——我們都會面臨審判，而天使將見證所有的程序。問題是：你將站在哪一邊？

忍耐和聖徒

第三位天使信息的最後一個重點，是對那些勇敢抵抗獸並將自己視為追隨上帝之人的簡單描述。從某種意義上說，這是上帝子民在末時的描述。天使說跟隨上帝之人將具有三個明顯的特徵：❶有極大的忍耐，或者如希臘文《聖經》的意思——具有持續忍耐的精神；❷守上帝的誡命；並且❸有耶穌真道。

三天使信息的最後一句話再次提醒我們，想要與上帝同行並能夠在末時站立得住，我們必須有耶穌的真道。這與〈啟示錄〉第 12 章 17 節所說上帝餘民教會的特徵一樣。可以說，在那段經文中，魔鬼或龍將他最大的憤怒發在那些「守上帝誡命和耶穌真道的」。[15]

第三位天使信息中的最後一句話很關鍵。理解這一點至關重要，因為它構成了我們必須向世人發出邀請的基礎。因此，基於這個原因，我選擇用下一整章來介紹給予上帝末時子民的信息。但是，就目前而言我要說的是，正如我們先前再三指出的，在這

個給世界的末世信息中有著完美的對稱性。有一群相信基督是他們的主和救主的人;他們接受了永遠的福音並其驚人的恩典,並為他們在基督裡擁有的盼望和保證而歡喜。除此之外,他們現在選擇遵守上帝的誡命,並被視為基督的真正門徒。

在我們的社會中,成為基督徒通常只是一個文化標籤,對信仰或生活方式而言意義不大。大衛‧金納曼(David Kinnaman)在他對現代美國宗教趨勢的研究中指出:「如今在美國接受一種毋需任何代價的基督教形式很容易,我們可能僅僅教導他們膚淺的福音真理和專注於他們改變信仰的意願。」[16] 有些人稱這種膚淺的基督教為「廉價的恩典」。今天,跟隨基督常常只需付上鮮少、或根本無須付上「代價」。可悲的是,任何我們認為便宜的東西,很快就會被我們當作是廉價的,因此是可以用過即丟的。實際上,我們所說的「因信稱義」並沒有給我們帶來自由。相反,它將一個主人替換為另一個。幸運的是,它以慈愛的主人替換了殘酷的主人。我們曾經是罪的奴隸,但透過基督和祂無限的愛,我們現在成了公義的奴隸。在祂的功勞中,我們終於體驗到了真正的自由!(在下一章中會對此進行更多介紹)

對獸的印記的誤解

請不要在閱讀本章之後,就迫不急待地跑到你守星期日的

鄰居家那裡，對他們說他們身上有獸的印記。事實並非如此。聖徒最後受印和敬拜獸的印記仍然是未來的事情。懷愛倫清楚地表明了這一點：「現今還沒有一個人接受獸的印記。那試驗人的時候還沒有到。現今在每個教會之中，連天主教也不例外，都有真心的基督徒。在人們得到了亮光，看明第四誡命的義務之前，現今還沒有人被定罪。但及命令發出，強力執行偽安息日之時，第三天使的信息就要警告人不要拜獸與獸像，把真與偽的界線劃分得清楚明白。屆時，那仍然繼續犯罪的人，就要受到獸的印記。」[17]

在透過法律和經濟手段實施假敬拜之前，效忠獸的可怕印記不會完全印在所有背叛上帝的人身上。這項要求敬拜的普遍法律將在教皇獸的煽動下完成，並將由地球上最後一個類似羔羊的超級大國——美國執行（啟13：15、16）。那時，敬拜的屬靈問題將是絕對清楚的。許多真正跟隨基督、竭力使他們的生活順服耶穌的人，最終將清楚地了解敬拜的問題，並會遵守上帝所有的〈十誡〉，包括安息日。[18]

反之亦然。許多未悔改和有修養的復臨信徒，在面對經濟崩潰或身體上的逼迫時，將加入這一團體並敬拜獸。他們可能會信口開河地引用〈羅馬書〉第13章1節，鼓勵所有人屈服上帝所任命的地上統治者。他們會輕易忘記彼得和約翰在猶太公會命令他們遵守人的法律超過上帝的律法時的大膽立場。彼得

在這個決定性的時刻說：「聽從你們，不聽從上帝，這在上帝面前合理不合理！」（徒 4：19）

這些事意味著什麼？

我們切莫忘記一個重要的事實。在這場末世對決中，忠於上帝之人與忠於魔鬼之人的區別，並不在於我們是否懂得 28 條基本信仰、能夠說出《聖經》中所有的書卷、或是讀過懷愛倫的《歷代之爭》系列叢書（編註：即懷愛倫的五大著作：《先祖與先知》、《先知與君王》、《歷代願望》、《使徒行述》、《善惡之爭》，原文名稱：Conflict of the Ages Series）。決定因素將歸納為一個簡單的議題——誰是你生命的主宰？

最後，這全都與一個人有關——耶穌基督。祂是道路、真理和生命。祂是你每時每刻的統治者嗎？祂是你每天樂意敬拜並為之而活的那一位嗎？耶穌是你生命的意義嗎？這就是第三位天使的信息。這是對世界乃至我們每個人的警告，選擇耶穌勝過其他任何一位主人。你可能希望我說：「選擇耶穌而不是獸」，這將是一個準確的陳述。但是，問題甚至比這更簡單。在你心中，耶穌最大的競爭對手是你。耶穌對我而言，最大的競爭對手不是旁人，就是我。我們都希望以自己的方式做事——選擇我們自己的規則，過我們自己的生活。但基督的呼召是要背起祂的十字架，跟隨祂，並且天天冒死，跨越以自我為

中心的生活（太 10：38、39；林前 15：31）。第三位天使的信息就
是呼籲委身。邀請每個人在每天的生活中向上帝全然委身。我
們需要獻上一切——我們的心、我們的選擇、我們的身體、我
們的時間、我們的休閒娛樂，甚至是金錢和我們的關係。「主
啊，我今完全獻上，一切所有歸於祢」（編註：摘自新版《讚美詩》
第 388 首〈完全奉獻〉副歌歌詞），必須是我們內心每天的歌頌，也
是我們要向世人發出的邀請。

想一想：如果我們不將這最後的信息向全世界發出大聲的
警告和邀請，還有誰會呢？這是我們的使命。這就是我們是誰
以及為什麼在這裡的原因！

註釋

❶ 懷愛倫，《教會證言》，卷九（Mountain View，Calif.:Pacific Press® Publishing Association，1948），原文第 19 頁。

❷ 同上。

❸ 懷愛倫註解，《基督復臨安息日會聖經註釋》卷七（Hagerstown，Md.: Review and Herald® Publishing Association，1980），原文 980 頁。

❹ 蘭科‧斯特凡諾維奇，《啟示錄》，原文 425 頁。

❺ 碧翠絲 S. 尼爾，〈受印的聖徒與災難〉，《啟示錄研討會文集》，第 1 冊，原文 255 頁。

❻ 艾克赫特‧穆勒，〈啟示錄的末世餘民〉《復臨神學社年報 11》，第一冊（2000）：原文 195 頁。

❼ 懷愛倫，《懷愛倫文集》19:184。

❽ 喬治‧奈特，《末世啟示之異象與復臨信仰的淡化》（Hagerstown，Md.: Review and Herald® Publishing Association，2008），原文 44 頁。另參喬治‧奈特，《尋求身分認同》（Hagerstown，Md.: Review and Herald® Publishing Association，2000），原文 68—71 頁。

❾ 懷愛倫非常清楚表明這一重點。她說獸印並不是肉眼可見的印記。參閱懷愛倫註解，《基督復臨安息日會聖經註釋》卷七，980 頁。

❿ 懷愛倫註解，《基督復臨安息日會聖經註釋》卷七，980 頁。

⓫ 羅伊‧艾倫‧安德森，《揭開啟示錄》，原文 155 頁。

⓬ 第三位天使的信息，連同第二位天使重申啟 18:1-4 中、天使宣揚關於巴比倫傾倒的信息，構成了給世界的最後信息。參閱懷愛倫，《善惡之爭》，原文 604 頁。

⓭ 斯特凡諾維奇，《啟示錄》，原文 450 頁。

⓮ 喬治‧奈特，《末世啟示之異象》，原文 100 頁。

⓯ 這本書的篇幅限制使我無法在此更深入探索「為耶穌作見證」這句話。啟 19:10 對這句話以及如何成為「預言之靈」提供了很清楚的解釋。復臨信徒認為，餘民教會的特徵之一就是有預言之靈存在於教會中。我們已經在懷愛倫的生活和事工中看到了這一點。即使在她逝世後將近一百年的今天，她的著作仍然是復臨教會的靈感、鼓勵和忠告之源。

⓰ 金納曼與里昂斯，《非基督徒》，原文 75 頁。

⓱ 懷愛倫，《佈道論》，原文 235 頁。

⓲ 懷愛倫，《善惡之爭》，原文 607–609 頁。

第六章｜咬牙切齒與因信稱義

♥ 藉著耶穌還是相信耶穌？

♥ 相信耶穌

♥ 藉著耶穌基督

GETTING BACK
TO THE
HEART OF
ADVENTISM

咬牙切齒與因信稱義

你是否嚐過東南亞人所說的水果之王？這種著名且美味的水果以「金枕頭」之名在市場出售。在西方，我們知道這種水果就是榴槤（durian）。這種水果長可達十二英寸，重可達七磅。榴槤這個詞來自馬來語「duri」，意思是「刺」。如果你曾經看過這種綠褐色的水果，你會對它們的外層果皮長滿大而尖的刺印象深刻。

我們住在亞洲並購買榴槤時，通常都會要求服務員為我們剝開榴槤的外殼。服務員會戴上一副很厚的皮手套，然後開始繁瑣的工作，將外殼剝開，然後輕輕取出可口的淡黃色果肉。它的味道很像濃郁的杏仁冰淇淋。我不是在開玩笑。它嘗起來確實如此！那美味宛如天上珍饈！

不過，我還沒有提到榴槤的一個特質。此特質使靠近這水果的大多數人對它敬而遠之。榴槤有強烈的味道，有人說是臭味。可是，就我個人而言，我並不覺得它的味道令人反感。我將其視為「與眾不同」。對我而言，榴槤的其他特質遠遠超過它的氣味。不過說實話，它的氣味非常濃烈，以至於大多數酒店都不允許客人將榴槤帶進大樓內。就連航空公司也禁止榴槤

空運。當然，在我看來，這些措施完全是不公平和誤導的！

　　我的立場是，我們永遠不要僅憑水果的氣味來判斷它。那些僅憑著榴槤的氣味就武斷地認為它不可食用的人，實則錯過了名副其實的美味盛宴！我想說的是，雖然它氣味獨特，但是在你做出個人評論之前，不妨先嘗嘗它的味道。

　　我提到榴槤是為了說明，在第三位天使信息的讀者身上，也很容易發生類似的事情。首先，這個信息的氛圍使我們認為上帝是充滿報復性的，祂似乎非常樂於用火焚燒和折磨祂的敵人。諸如「在火與硫磺之中受痛苦」和「他受痛苦的煙往上冒，直到永永遠遠」之類的章節似乎烙印在我們的腦海中，並塑造了我們的觀點，認為這個最後的信息不過是想將害怕上帝的心放在所有讀者心中（啟 14：10、11）。甚至可能還有一個尷尬的因素。我們真的希望別人知道我們相信這些關於獸的印記、火和硫磺的事情嗎？然而，這個信息遠超過這些。毫無疑問，就像榴槤及其難忘的氣味一樣，此信息確實帶有強烈的警告。它是與眾不同的，可是還有更多的信息要傳達。讓我來說明。

　　為了幫助理解第三位天使信息的要點，讓我與你分享懷愛倫於 1890 年 10 月 10 日在密西根州奧塞哥（Otsego）教堂講道時所說的一句話，其內容後來在 1891 年 2 月 3 日的《評閱宣報》中轉載。我曾多次重讀這句話，它總是使我感到困惑。但是，

當我對這個問題進行了更多研究時，這個難題就解決了！

懷愛倫首先提到了一些復臨信徒所害怕的問題，即教會中許多人對因信稱義的新焦點是以遵守上帝的誡命為代價的。自1888年以來，懷愛倫就與瓊斯和瓦格納兄弟（Jones and Wagoner）一起表達了立場，即將教會的焦點集中在透過基督的生、死和復活中所經歷的、永遠的福音之上。因此她說：

「我們的一些弟兄們表示擔心，我們將過多的焦點放在因信稱義上，但我希望並祈禱沒有人會承受不必要的驚慌。因為提出《聖經》中所記載的這一教義是沒有危險的。如果過去從未疏忽並且正確地指導上帝的子民，那麼現在就不必特別注意它了……《聖經》給我們的重大和寶貴的應許在很大程度上被忽略了，正如所有正義的敵人所謀劃的那樣。他在我們和上帝之間投下了黑暗的陰影，以致我們看不到上帝真實的特性。耶和華已宣告：『祂是有憐憫、有恩典的上帝、不輕易發怒，並有豐盛的慈愛和誠實。』」

然後，懷愛倫透過將這位飽受苦難、慈悲的上帝與基督復臨及其最終使命（第三位天使的信息）聯繫起來，從而吸引了聽眾的注意。她說：「有幾個人寫信給我，詢問因信稱義的信息是否是第三位天使的信息，我回答說：『因信稱義事實上就是第三位天使的信息。』」[1] 她怎會如此篤定呢？或者換個角度問：

她為什麼這麼說？就像上面提到的榴槤一樣，難道她沒看出第三位天使的信息——獸的印記、火和硫磺、這些讀來令人咬牙切齒的事是什麼嗎？

要了解她的說法，我們首先必須了解一些復臨教會的歷史。你會看到，直到 1888 年在明尼蘇達州（Minnesota）明尼阿波利斯（Minneapolis）舉行的全球總會會議之前，教會將大部分注意力集中在要求遵守誡命的第三位天使的信息上。當然，這是一個正確的焦點。末時的問題將圍繞著敬拜和涉及敬拜的誡命上，而基督教世界幾乎普遍忽略了這個誡命。問題在於，第三位天使和第一位天使一樣，都具有第二個重要思想。末時的聖徒不僅要遵守上帝的誡命，還包括了耶穌的真道！因此，懷愛倫還說：「必須宣告第三位天使信息的各個方面……如果我們宣揚上帝的誡命，卻忽略另一半，那麼信息就在我們手中被毀掉了！」

在 1888 年以後的幾年裡，就像今天一樣，我們必須記得，那些在末後上帝忠心的餘民，他們的信心將穩固地紮根在他們的救主基督裡，並因為上帝的恩典，就歡喜遵守祂的一切誡命。懷愛倫繼續說：「人們談論耶穌的信仰，但不了解。」然後她問了一個問題：「第三位天使信息中耶穌的真道是什麼？耶穌擔當了我們的罪，成為我們赦罪的救主。祂承受了我們應得的懲罰。祂來到我們的世界，承擔了我們的罪孽，使我們可以披

戴祂的公義。耶穌的真道就是相信基督有充分的能力能夠徹底地拯救我們。」[3]

因此，一方面，第三位天使的信息清楚地警告世界，那些最終選擇追隨和敬拜獸而不是上帝的人，將受到獸的欺騙和最終的毀滅。但是，另一方面，這信息也描述了一群人，他們在信仰上不妥協，也不跟隨獸，他們樂於選擇跟隨基督並遵守祂的誡命。

藉著耶穌還是相信耶穌？

在繼續討論之前，讓我們先釐清一件事。「他們是守……耶穌真道的」在希臘文《聖經》可以翻譯成「耶穌真道」或「相信耶穌」。但是，無論我們選擇哪一個翻譯，這節經文的兩個關鍵詞都是「守」和「耶穌」。上帝末時的子民只能靠著將目光注目在基督和祂的公義上方能得救。末時的教會在屬靈上會像別迦摩教會一樣。他們被形容為「還堅守我的名，沒有棄絕我的道」（啟2：13）。他們就像保羅一樣，在他生命的盡頭時可以寫下：「那美好的仗我已經打過了，當跑的路我已經跑盡了，所信的道我已經守住了。」（提後4：7）或如耶穌在論到那些跟隨祂的人時所說：「並且你們要為我的名被眾人恨惡。惟有忍耐到底的必然得救。」（太10：22）

　　因此，在上帝呼召我們向世界傳達最後信息——即第三位天使的信息中，基督被高舉了！祂贖罪的犧牲將被突顯。從我們生命的開始到結束，我們對耶穌基督的信心將支持我們，讓我們配得天國的資格！這最後信息的焦點不能僅僅集中在上帝的誡命上，它也必須定睛於耶穌基督以及祂的義上，以至於凡相信祂的人都能夠因信得救（弗2：8、9）。現在，你是否看出為何第三位天使的信息也是關於因信稱義了嗎？

相信耶穌

　　有一個安息天，我坐在我家附近一間新植堂的教會參加安息日學。這是一個激動人心的經歷。整個安息日學節目由平信徒主持，這是主所賜予的福氣。在教堂的後座坐著一位來賓，他的評論引起了我的注意。他多次引用瓊斯（A. T. Jones）和瓦格納（E. J. Wagoner）的著作，並試圖說服在場的人，餘民必須在品格上完全，而且這種完全是必要的，這樣一旦天上沒有中保時才可以站立得住。可悲的是，這位來賓的言語帶著苛刻和怒氣。如果他正確理解第三位天使的信息，那麼他的評論就可以不需要了。我舉起手，在獲得教員的同意之後說，專注於自己品格的完全是徒勞的。畢竟，你是否見過一個人在清晨睡醒時就說：「我成功了，今天，我已經完全了！」答案是否定的。為什麼？我們就越靠近基督，與祂無與倫比的聖潔相比，我們越能看出自己的不足和失敗。而這也將使我們更加熱切地投入基督的慈

愛和恩慈的懷抱中。認為基督有一天會離開並讓我們倚靠自己的功績而站立的想法，完全違背了祂絕不撇下、也不會丟棄我們的應許（太28：20）。直到基督完成了工作並離開天上的至聖所時，祂都不會停止成為我們的救主、力量和良友。直到最後，祂的子民都會持續信靠祂和愛祂，而祂也將持續愛和幫助祂的子民。

我們的心思不能只集中在遵守誡命上；它必須在基督身上。我們必須活在基督裡（加2：20）。我們必須領受耶穌的真理。只有祂能夠保守我們直到世界的末了。唯有祂能夠保守我們繼續前進。自然的平衡也將隨之而來——這就是我們被呼召向世人傳揚末世福音信息的美妙之處，當我們順服基督為我們的救主時，這將使我們樂於接受祂為我們生命的主。聖徒是一群既有基督的信心、同時又遵守祂誡命之人。上帝末時子民的忍耐是建立在完全倚靠基督的義上！因為基督是這個信心的主體，應許就立定了；絕對沒有任何東西——包括獸、兩角羊羔般的獸、甚至龍本身——「能叫我們與上帝的愛隔絕；這愛是在我們的主基督耶穌裡的。」（羅8：39）絕對沒有！這確實是個好消息！

藉著耶穌基督

既然「相信耶穌」和「耶穌真道」兩種解釋都是正確的，請允許我從第三位天使的信息中分享另一個教導。該教導主要

是給我們這些具有聖徒的忍耐之人。這信息應該是給我們所有遵守誡命之人的警示。遵守安息日的誡命、健康飲食、不飲酒並不能確保我們免受那些敬拜獸之人的毀滅。不幸的是，許多守安息天的人也會喝「上帝大怒的酒」，並在火與硫磺之中受痛苦！為什麼？因為他們錯置了重點！單單守誡命是沒有意義的，除非他們與耶穌基督有親密關係，並在生命上獲得更新。

這點可以從我擔任教會牧師時，親眼目睹一件令人難過之事中得到證明。當時我已牧養諾瑪（Norma）[4] 一段時間，我們建立了友誼，一起研究《聖經》，並逐漸建立起她對上帝真道的信心。你知道嗎？她從小就在耶和華見證會中長大。我甚至可以和她一起祈禱，更不用說與她一起查經了，這真是一個奇蹟！最後，我邀請她參加教會的聚會，她也欣然接受了。

當她走進教堂時，我親自招待她，並介紹一些教友給她，讓她獲得熱情的歡迎。我招待她入座，給她一份節目單，然後離開預備上台報告並為崇拜聚會做準備。歡迎會眾之後，我開始報告教會事項。當我才完成一半的報告時就注意到諾瑪突然站起來朝教堂出口走去。當她走到教堂後方時，她推開門，走進休息室，然後就不見身影了。

我很快完成了報告，幾乎找遍了教堂和休息室卻找不到她。我跑到停車場，看到諾瑪上了她的車。當我接近她時，她停了

下來。我溫和地提到，如果她不參加崇拜聚會，我會感到失望
並問她是否願意留下來。她回答說，她再也不會走進復臨教會
了！我震驚的問她是什麼讓她做出了這樣的決定。她告訴我，
在聽教會報告時，她聽到坐在她身後兩名信徒婦女的談話。她
們說她們無法相信竟然會有女性不穿裙子、而是穿著居家褲就
來教堂聚會！不幸的是，諾瑪說到做到，她再也沒有踏入我們
的教堂一步！不久之後就放棄了查經。

這兩位守安息天的聖徒在守為聖日之事方面精確無比。我
也知道她們兩位都是長期素食者，並為此感到自豪！但不幸的
是，她們沒有活出「耶穌真道」的憑據。她們沒有像耶穌愛她
們那樣愛別人。她們忘記了上帝給予的誡命——「彼此相愛，
因為愛是從上帝來的」。她們忽略了「沒有愛心的，就不認識
上帝，因為上帝就是愛」（約壹 4：7、8）的教導。

一切真理都基於耶穌基督！我們要向世界宣告，也要提醒
自己，既要相信耶穌，又要活出耶穌的真道。這是信仰與行為
之間，恩典與律法之間的適當關係。許多人因忽略恩典或上帝
不變的律法而忘記或扭曲了這種關係。這就是為什麼懷愛倫如
此說：

「我們若願有第三天使信息的精神與能力，就必將律法和福
音一起傳揚，因為這兩樣原是並行的。從下面有力量出來煽動那

悖逆之子，廢棄上帝的律法，踐踏基督為我們之義的真理時，同時也必有力量從上頭而來，運行在那些忠心之人的內心，使他們尊重律法，並高舉基督為全備的救主。上帝的子民在經驗上若沒有上帝神聖之能力，他們的心性就要被荒謬的理論和見解所制服；結果，在許多人的經驗上，將要失去了基督和祂的義，他們的信心也必沒有能力和生命了。」[5]

在我們的基督徒生活中，除了基督和祂的義之外，沒有任何其他的能力。祂是我們唯一的希望！祂也是這個世界唯一的希望。在第一位天使的信息中首次提出的，正是這永遠的福音。現在我們這些站在主這一邊、與所有帶有相同印記的人受召來宣告這個信息。宣告第三位天使的信息是我們是誰以及為什麼在這裡的核心。

讓我們全力以赴傳揚這一信息，也致力於委身這個信息。讓我們致力於更認識耶穌、極力持守耶穌的真道，並在此過程中樂意地順從祂並遵守祂的誡命！

📝 註釋

❶ 懷愛倫，《信息選粹》，卷 1（Washington，D.C.: Review and Herald
® Publishing Association，1958），原文第 372 頁。

❷ 懷愛倫，《懷愛倫文集》16:22，引述於奈特《末世啟示之異象》，原文 47 頁。

❸ 懷愛倫，《信息選粹》卷 3，原文 172 頁。

❹ 此名為杜撰。

❺ 懷愛倫，《傳道良助》，原文 161 頁。

GETTING BACK
TO THE
HEART OF
ADVENTISM

復 . 臨 . 運 . 動 . 使 . 命 . 與 . 精 . 神

第七章│嚴酷的考驗

♥ 《聖經》的命令

♥ 要收的莊稼多

♥ 從「舒適區」到「信心區」

♥ 屬靈恩賜與佈道

♥ 各自為政和「佈道生活化」（Evangeliving）

♥ 缺乏信心

♥ 心懷二意

♥ 從委身到行動

♥ 屬靈惡霸

♥ 其他觀點

♥ 結論

GETTING BACK
TO THE
HEART OF
ADVENTISM

嚴酷的考驗

問題：

「那些飛在空中宣告末時信息的天使是誰？

你知道他們的名字嗎？」

答案：

「我知道！他們是你和我，

是末時在上帝餘民教會中的信徒。」

這些天使代表著你和我，急切地宣告著這些重要的信息。將這些信息傳給全世界是我們的特權和責任。閱讀了前面幾章，就會確信這些信息是真實而重要的。我們可以對基督作出委身，並承諾每天與祂同行、唯獨敬拜祂，乃是無與倫比的好事！當傳道人鼓勵我們擔任基督的使者、成為基督的手去牧養這個受傷的世界、且在國內外當宣教士以宣揚這個重要信息及核心使命時，我們時常以「阿們」來表示衷心贊同。但這遠遠不夠。理智上的認同不會成就教會的特殊使命。基督所呼召的，是個人的順服和參與。個人的順服和內心真正的悔改應使我們積極參與，並與他人分享我們的救主。我們甚至可以這麼說：「不作見證的基督徒是矛盾的。」

　　此末世信息需要我們的積極參與。你看，天使被描繪成飛過空中！他們對自己的使命充滿熱情且目標明確，甚至可以感受到他們的急迫感。我們的生活是否反映出對我們使命的熱情？對失喪之人的同情？很遺憾地說，我們的生活反映的，經常是像一群坐在桌旁、悠閒地喝著冷飲的天使！如果我們真的相信這些信息，為什麼我們還保持沉默呢？《看見錢以外的CEO》（Counsels on Stewardship，舊名：給管家的勉言）一書也提出了同樣的觀點：「我們若真正擁有這末世的真理，就當將之傳給各國、各族、各方、各民。」[1] 當教義轉化為信念時，它必須改變我們的現狀。

　　1976 年 2 月 4 日使我立即聯想到瓜地馬拉共和國（Guatemala）毀滅性的地震。凌晨 3 點 4 分，寂靜的夜晚被一股越來越大的聲音所震攝，直到我被吞沒在一個搖擺起伏的世界裡。噪音大得令人難以置信和恐懼。甚至在大地的震動和聲音傳到我們的房子之前，噪音就把我吵醒了，我衝出房間，一路直達大廳的前門。正當地震肆虐之時，我到達門口。當我要打開前門的鎖時，它自己就突然打開了。我跌跌撞撞地穿過車庫，驚恐地看到我們的車前後顛簸，好像它是活的，試圖逃離可怕搖動的地球一般。

　　毫無疑問，我以前聽說過地震。我記得母親曾告訴我她在墨西哥城遭遇地震並如何倖存的事蹟，當時她的父親是一位傳

教士而她年紀尚幼。我甚至在學校學習過關於地震的知識。理智上——我相信它的存在。但是當面對轟隆作響的地鳴和咆哮時，我的認知不僅僅是智識上的，它還促使我採取行動。我們迫不及待地想動員，向一個毫無戒心的世界宣告基督即將復臨，直到我們親自開始遭受迫害，或讀到全球對星期日法案的支持越來越多。到那時，對於許多人來說，恐怕為時已晚。是時候將我們的信念付諸實踐了！現在是向世界宣揚三天使信息的時候！現在就是我們個人對這一使命具有責任感和所有權的時候！這才是真正挑戰之處。

《聖經》的命令

在升天前，耶穌在橄欖山上向聚集的門徒下達了明確的命令，那就是今天我們所稱的「大使命」。「耶穌進前來，對他們說，『天上地下所有的權柄都賜給我了，所以，你們要去，使萬民作我的門徒，奉父、子、聖靈的名給他們施洗。』」（太28：18、19）

耶穌已經完成了救贖計畫，十字架上的死彰顯了上帝慷慨的恩惠，如今這些工作都交在這些未經考驗之門徒們的手中。他們的任務是與世界分享這個好消息。這一群人是誰？是什麼使他們有資格承擔如此重大的使命？他們當中有沒有人接受過高等神學訓練？基督升天時他們在場嗎？他們家裡的牆上掛著

道學碩士（MDiv）、教牧學博士（DMin）或哲學博士（PhD）的文憑嗎？這些人有傳福音的潛力嗎？不。他們當中大多數人是卑微的漁民。他們過去曾經是充滿嫉妒、不可靠和背叛之人。但是想想看──基督教會的未來將寄託在這些未經考驗和不完美的門徒身上。然而，主耶穌知道，當門徒們被聖靈充滿、堅守信念並深愛祂時，他們就能夠、並將會顛覆整個世界。

耶穌呼召我們成為和好的使者。祂稱我們為祂的大使，這所代表的遠比我們每天所經歷的大得多，也比好萊塢電影的特效大得多。記住保羅是如何描述基督徒的：「若有人在基督裡，他就是新造的人，舊事已過，都變成新的了。一切都是出於上帝；他藉著基督使我們與他和好，又將勸人與他和好的職分賜給我們。這就是上帝在基督裡，叫世人與自己和好，不將他們的過犯歸到他們身上，並且將這和好的道理託付了我們。所以，我們作基督的使者，就好像上帝藉我們勸你們一般。我們替基督求你們與上帝和好。」（林後 5：17-20）

這些經文充滿激情，如此緊迫。我們代表上帝的國度，因基督我們成了天上的國民（腓 3：20）。我們成為上帝的使者，祂藉著我們向世人發出呼求，試圖使他們與祂建立永恆的關係。上帝指望你和我把這奇異恩典傳給世界！祂指望你和我在世界的最後一刻向這顆星球的每個角落宣告三位天使的信息。這不僅是我們的特權，也是我們的責任。

要收的莊稼多

　　思考耶穌在〈馬太福音〉第 9 章 36-38 節中用來描述福音工作的比喻：「祂看見許多的人，就憐憫他們；因為他們困苦流離，如同羊沒有牧人一般。」耶穌對門徒說：「要收的莊稼多，做工的人少。所以，你們當求莊稼的主打發工人出去收祂的莊稼。」請注意，耶穌在此陳述了一些簡單的事實：首先是豐收；聖靈一直在人們的心中運行，吸引他們注意耶穌。

　　特別是在經濟發達的國家，我們經常聽到有人說，在這類地區傳福音是困難或不可能的。人們對上帝的救恩不感興趣。人文主義、唯物主義、後現代主義──各種「主義」似乎對宣揚福音的好消息構成了不可逾越的障礙。但我要說的是，上帝正在這個世界動工，將祂的子女指向永恆的家園。這些子女的人數可能不是太多，其中的挑戰也確實是巨大的。但是，上帝仍然是上帝！祂超越任何一種「主義」和挑戰。上帝正在那些願意接受基督之人的心中工作，這些人正在等待並希望聽到這個好消息。

　　在收成的比喻中，關鍵問題是工人太少了！沒有足夠的工人願意忍受今天的高溫和田野中艱苦的工作條件來收割莊稼。你我受邀加入這些工人的行列。然而不幸的是，我們當中很少有人願意出去工作！這就是為何這需要成為迫切禱告的目標。

在德瑞克‧莫里斯牧師（Derek J. Morris）激動人心的著作——《改革性的祈禱》（The Radical Prayers）[2] 之中，他詳細解釋了基督要求我們去收割莊稼的呼召。基督希望我們的禱告是：「主啊，今天請幫助我甘心樂意去為你收割莊稼！」這是一項改革性的祈禱，因為作為餘民，我們願意每天承諾，將我們的特殊使命擺在我們生活的優先事項和中心。我們願意調整作息，願意放棄幾個小時所喜愛的電視節目，甚至是在三天使廣播網（Three Angels Broadcasting Network，3ABN）、希望電視台（Hope Channel）或羅馬琳達廣播網（Loma Linda Broadcasting Network，LLBN）所播放的節目，所有這些都是為了出去收割莊稼。今天你願意作出這個改革性的祈禱嗎？

我們必須面對這樣一個現實：我們很少活出具改革性的福音生活方式。在我們名為「分享基督」（ShareHim）的事工中，我們使用了「佈道生活化」（Evangeliving）這個詞來描述一個人實行改革性祈禱的生活方式。一個真正傳福音的信徒會因為失喪者動了慈心。一百年前，本會的使者說了以下的勸勉：

「我們的信息雖是普世性的，

但有很多人簡直什麼都沒有做，

更多的人只做了一點點，

因為他們缺少信心，

所做的其實跟什麼都沒有做差不多。

我們要放棄已在外國開墾了的田地嗎？

或是要停止一部分的本地工作呢？

遇到幾千元的負債就灰心喪膽嗎？

在這世界歷史的最後階段，

我們要膽怯和退後嗎？我的心說：『不，不！』」[3]

從「舒適區」到「信心區」

我們大多數的人都是坐在駕駛座上指揮著自己的生活。我們儘可能避免做出改變。我們喜歡儘可能的控制環境。這種生活的結果導致我們能行使的信心不多。但是，當我們去收割莊稼時，即過著這種傳福音的生活，我們就不再處於舒適區，因為我們無法確定結果。當我們與朋友分享在耶穌裡的盼望時，我們不知道結果會如何。「他會覺得受到冒犯嗎？」「我會因此失去一個朋友嗎？」「如果他問一個我不知道該如何回答的問題怎麼辦？」也許他會嘲笑我。「他會認為我是一個極端的宗教狂熱份子嗎？」當我們提議為朋友祈禱，分享我們在基督裡的喜樂，或者談論耶穌的即將復臨時，我們真的不知道接下來會發生什麼，但這也正意味著我們正在積極地操練信心。

當我們走出去並與鄰居、朋友或同事分享我們的信仰、順從上帝的命令去與世人分享基督福音的使命時，我們就是在操練「信心區」。在這個信心區生活，我們才能在屬靈上有所成

長。我們的信心會受到考驗。熱切地祈求主使我們每天清醒時都在收割莊稼，我們憑著信心伸出手，抓緊基督的力量和陪伴之手！這乃是我一次又一次的經歷。當我與他人分享信仰時，我總是覺得自己與耶穌越來越靠近。懷愛倫談到這個問題時說：「在為他人服事中，信徒將保持自己靈性的活力。如果他們願意與耶穌成為同工，我們將看到我們教會中的光穩定地燃燒著並且越來越亮，發出的光穿越黑暗，超越自己的疆界。」[4]

我相信，餘民被賦予大使命和宣揚三天使信息的原因之一，是因為我們在屬靈上需要它。我們需要分享我們的信仰，因為透過分享信仰，信心就會增強。當我們伸出手與非信徒建立聯繫、發展關係、以耶穌的名義伸出援助之手，當我們敞開心扉與非信徒進行屬靈分享並親切地將人們指向基督和祂的愛時，我們的信仰就會蒙受極大的祝福。上帝呼召我們過積極的傳福音生活，以便我們在祂裡面積極成長。一個熱衷於為社區作聖工的教會鮮少有時間挑剔彼此的過失並捲入教會內部的鬥爭。

就在最近，我帶領一群「分享基督」（ShareHim）的弟兄姐妹來到了美麗的烏干達。在這兩個星期中，這批非專業人士和傳教士以祈禱和熱情分享信息。當他們為基督作見證並看到人們將自己的心獻給耶穌並受洗的回應時，臉上所流露的喜悅真是無可言喻！在旅途中，我與他們反覆分享的信息是：「你們勇敢的為基督擔任了在非洲的大使。現在回到家也要做同樣的

事情。聖靈不需要簽證即可進入北美！祂已經在那裡動工了！莊稼很多。祂在等你去收割並為祂工作。」在《歷史速寫》一書中，懷愛倫給了一個直接的挑戰，可以幫助我們理解我們尚未完成的工作：「本會的信徒並沒有全都被要求到外國傳福音，但每個人都應該在為世界帶來亮光一事上發揮偉大作用。福音是具有滲透性和大能的。在上帝的審判日，沒有人可以因為顧及自己的自私利益而被寬恕。每個人和每一雙手都有當作的工。有各種各樣的工作適合不同的人和不同的能力。每個與上帝有聯繫的人都會將亮光分享給別人。如果有誰沒有亮光可以提供，那是因為他們與光源沒有任何聯繫。

神職人員不應該去做已經委派給信徒工作的職責，導致自己筋疲力竭，如此也會妨礙信徒履行職責。他們應該培訓信徒如何在教會和社區中從事聖工。每個人在自己的範圍內都有自己的工作要做，建立教會，使團契聚會更有趣，並培訓青年人具備傳教士的能力。所有的人都應該培養靈性和自我犧牲，並透過他們的方法和認真的祈禱來協助那些進入新的、困難領域的人。信徒應該與神職人員積極合作，使他們周圍的區域成為他們傳教工作的領域……聖工被忽略了。當利益佔據眾人的全部注意力，以致上帝無法在教會中展現更大的能力時，這樣的結果會令人驚訝嗎？因此，他們的虔誠變得乏味而無力，他們變得偏執和自私。」[5]

屬靈恩賜與佈道

　　未能積極在非信徒中過聖潔而美好的生活，以吸引他們了解耶穌基督的信息的原因之一，是信徒不相信他們已經獲得了傳揚福音的屬靈恩賜。這種反應來自對屬靈恩賜的誤解。《聖經》所說的屬靈恩賜是無可爭辯的。至少在《新約聖經》中有三處篇幅，耶穌都描述了聖靈的特殊工作，以裝備其教會執行必須履行的職責。[6]《聖經》清楚地表明，有些人具有傳福音的特殊才能。「祂所賜的、有使徒、有先知，有傳福音的、有牧師和教師、為要成全聖徒，各盡其職，建立基督的身體。」（弗4：11、12）毫無疑問，上帝已經為教會的佈道裝備妥當。但是，我們也有一些天賦極高的牧師、查經員和平信徒，這些人在救靈的工作表現上似乎也很成功。

　　這是否意味著所有不具備這種特殊能力的人就不能參與傳福音的工作？絕對不是！並非所有人都有傳福音的恩賜，但我們所有人都有履行大使命的責任。我們要用我們所有的恩賜互相搭配，來造福基督的身體並發展祂的國度。當我們使用這些恩賜來宣告基督和祂的復臨時，我們的恩賜就會成長並成倍增長（太25：14—30）。在這場善惡之爭中，我們各盡其職建立基督的身體，穿戴上帝所賜的軍裝，就能抵擋魔鬼的詭計。

各自為政和「佈道生活化」（Evangeliving）

我們許多人不積極參加收割莊稼的另一個原因，是我們深信收割莊稼的工作應該是由我們身邊的「專業人員」來負責。我們可以爭辯說，這個原因與我們上面剛剛提到的原因相同。但是，我認為這是當今復臨信徒中更為普遍的趨勢。尤其是在過去的幾十年中，當技術的進步使我們能夠相對輕鬆地透過世界各地的衛星廣播三天使的信息時，我們認為要在當今媒體飽和世界中發揮作用，信息必須是由有經驗和資金的專業人士來負責。而教會其餘成員的功能則是透過祈禱和忠誠的奉獻來參與和支持這些工作。

現在，請不要誤解我，我們需要繼續廣播我們的信息。我們需要透過任何可行的方法將信息傳給全世界。但這不是一個非此即彼的主張。相反，它應該是一種彼此互助共榮的夥伴關係。讓才華橫溢的福音傳教士和受過專業訓練的演講者繼續以能力和權威來宣講；與此同時，也讓我們每個人積極參與收割！上帝不會僅僅透過一些偉大的傳教士或福音事工來完成這項工作。〈啟示錄〉第 14 章中的天使代表你和我。將基督的福音傳給我們的朋友和鄰居是我們個人的責任。在世界歷史的盡頭，上帝要動員整個教會，而不僅僅是那些才華橫溢的領袖。

懷愛倫在寫作時也回應了這種觀點，她寫道：

「凡來分潤主恩惠的人，主就派他們為別人作一種工夫。我們每一個人，都要站在自己的身分和地位上說：『我在這裡，請差遣我』（賽6：8）。在牧師的身上，教師的身上，傳道的，護士和醫師身上，以及每位信徒的身上，不管他是商人，是農夫，是手藝人，是有專門職業的人——無論什麼人，身上都有一種個人的責任，向世人顯示那足以使他們得救的福音，這便是我們的工作。我們的一切企圖和事業，都應該以此為目的。」[7]

最後一句話很棒。這就是佈道生活化的核心。無論我們從事什麼職業，我們的生活目的都是一樣的——「向人們揭示拯救他們的福音」。

正如我之前所說，有才華的傳道人、查經員、會計師、農民、護理師或老師（我們當中的所有人）都必須攜手努力，成功地完成餘民的特殊使命。預言之靈清楚地賜予了這勸告。懷愛倫寫道：「直到我們的男女信徒團結起來參與聖工，並極力與傳道人和教會幹事團結起來，上帝在世上的工作才能完成。」[8] 你是否願意跟我一起說：「阿們！」現在，讓我們開始收割莊稼吧！

缺乏信心

如果我們省察自己的內心，我們可能會發現，我們沒有全心全意地採納佈道生活化的主要原因是我們缺乏信心。懷愛倫說：「許多原來合格做一番卓越工作的人，所成就的卻少，因為他們嘗試的少。」[9]我們之所以停滯不前，是因為我們看不到前進的道路。我們之所以停滯不前，是因為我們更願意停留在自己的舒適區，而不願跨入信心區。這完全跟信心有關，即對基督的信心以及對「我就常與我們同在，直到世界的末了（太28：20）之應許的信心。懷愛倫談到這種缺乏信心時說道：

「基督對我們說：『你們這小信的人哪！』我們的心必須被聖靈感動。我們必須相信，主要我們像現在一樣刻不容緩地來到祂身邊，以信心呼籲祂為我們工作。主渴望在祂的子民中彰顯祂的能力。目前聖工的地方，應該有超過一千名不是按手的傳道人，而是有信心和祈禱的男女，他們可以為上帝服務。」[10]

請注意這個引文。上帝要為祂的子民成就大事，可是卻無法成就，因為我們缺乏信心。有時我們認為這是無法跨越的困難，是不可能實現的。但是主所要求的是我們只在信心上邁出腳步，只要聽從進入收割的呼召。懷愛倫說，上帝正在尋找出於信心祈禱的人，即使他們可能重複那被鬼附之男孩父親所說的話：「我信！但我信不足，求主幫助。」（可9：24）然而這些

有信心的人會起來為上帝工作。

《教會證言》中的一段話激勵了我火熱的心，並鼓勵我在信心和作見證方面更加勇敢。

「如果你要出去做基督的工作，上帝的天使會在你面前開路，為接受福音做準備。如果你們每個人都能做到佈道生活化，那麼時代真理將在各國、各族、各方、各民中迅速傳播。這是基督要成為大權柄和榮耀前必須完成的工作。我呼籲教會認真祈禱，使你可以理解自己的責任。你是與上帝同工的人嗎？如果不是，為什麼呢？你打算何時做神委派的工作？」[11]

心懷二意

作為教會，我們面臨的最大挑戰之一是心懷二意。讓我更具體一點。這些重要信息是我們使命的核心，它們定義了我們的身分，這些信息常常因缺乏對救主的完全委身而受到破壞。《聖經》將這種情況描述為「心懷二意」。我相信上帝在〈雅各書〉第4章8節所說的話：「你們親近上帝，上帝就必親近你們。有罪的人哪，要潔淨你們的手！心懷二意的人哪，要清潔你們的心！」祂在呼召我們，祂的餘民教會，在末時被賦予了極為重要的使命，故此，要專注於我們的使命。

　　如果我們對世界只有一半的愛，我們怎會有高度的熱情來與世人分享基督和祂的再來？如果我們的家有一台嶄新的 52 吋高清液晶電視，而且非常舒適，我們為什麼還要渴望天國的住處呢？重要的是，我們離基督有多近？如果我們離祂不夠近，那麼有一個解決方案：親近祂，祂就會親近你。如果我們不專一，就不可能完成我們的使命。我們必須祈禱上帝會在〈馬太福音〉第 22 章 37 節中重新教導我們祂話語的含義：「你要盡心、盡性、盡意愛主你的上帝。」我們需要問自己以下問題：「主，我只選擇祢嗎？這世界上的物質到底對我有多大影響？」解決的辦法是每天完全委身於祂，不退縮。

從委身到行動

　　我希望到現在，你和我都能意識到我們身負參與分享三大使信息的特權和責任。除非我們親自採取行動並大力宣傳這些重要信息，否則閱讀本書只是在研究神學。即使這樣，你可能會問，我該從何開始？我該如何做見證？首先，從個人佈道的角度思考。為了解釋這點，讓我指出懷愛倫的聲明：

　　「人的智慧，是注重團結的，是偏於中心的，所以無論在什麼地方，都有一種用機構的工作來代替個人工作的傾向。我們建造了禮拜堂，成立了各種機構，於是許多人就把仁愛的工作交在組織和機構身上。他們自己既不去和世人接觸，愛心就漸漸地冷

淡，變成專顧自己和冷酷硬心的人。愛上帝和愛人的心，從他們的靈性上死去了。

基督托給他的門徒一種個人的工作。這種個人的工作是不可以叫別人代做的。為生病和窮苦的人工作，傳福音給失喪的人；這些工作是不可以交卸在委員會或慈善機構身上。個人的責任，個人的努力，個人的犧牲：這些都是福音的必需。」[12]

宣傳三天使的信息始於我們每個人。我們每天與我們的社區、工作場所、學校或附近商店接觸。我們每天都可以為基督工作。我們需要做的就是睜開心靈的眼睛，領會主指引我們道路的可能性。我記得曾經聽過一則上帝非常樂意回應的禱告——祈求主今天引導我們接觸蒙基督的愛所感動的人。試試吧！當我們尋找機會來進行救贖性對話、提供所需的關懷、祈禱的保證、甚至是屬靈問題的答案時，我們就將被引到需要我們幫助的人們那裡！

露絲・雅各布森（Ruthie Jacobsen）撰寫了《橋樑101》，這本非常實用的書鼓勵我們每個人都將自己視為橋樑的建造者。[13]她傳達的信息的核心是，我們每個人都能以實際的方式伸出援手來表達對上帝的愛！我們可以幫助周圍的人以真實和確切的方式體驗上帝的愛。這樣我們就成為那些尋求上帝和上帝之人和祂之間的橋樑。最重要的是，橋樑的建設不需要任何特殊培

訓。它只需要一顆願意接受的心。正如露絲所說的，這些橋樑可以是一條香蕉麵包，充滿愛意地傳遞給了鄰居。也許橋樑是為社區免費洗車，讓車主知道服務只是為了以實際的方式表達對上帝的愛。服務的項目可以是無止境的。關鍵是要意識到，在每一天的生活中都充滿了讓上帝引導我們的機會，使我們能與那些尋求愛祂的人相交。這就是為何我們必須活出一種佈道生活化的生活方式，一種在任何有機會的地方都致力於建立橋樑的生活。

我最近讀到一位作家分享，他竭力做到在早上碰到地板的第一樣東西就是他的膝蓋。讚美主的憐憫和愛心之後，他懇求聖靈在白天可以將他帶到那些能為他們做見證的人面前。[14] 這種屬靈上的專注可以真正改變我們的生活。不妨嘗試一下，並為操練信心做好準備。

我們的個人佈道還應包括為不認識主的朋友們代禱。除了每天接觸他們以外，我們也要在禱告中求上帝軟化他們的心，以及為我們創造屬靈對話的機會。也許，我們甚至應該祈禱在跟他們互動中，這些朋友能夠有生命改變的經歷，好將他們帶到天父面前。這都是個人佈道的一部分。當我們出於基督的愛與熟人互動時，我們就會驚訝於主如何為我們提供傳道的機會，包括個人查經的機會，或者只是聆聽我們以行動所表明的聲音：「我愛你」。

屬靈惡霸

個人工作不應該是一場沒有目標的戰役！但是，基督徒也要小心，否則就會做出對聖工不利的事！有時，我們會侵犯了他人的隱私，例如未經通知的突然造訪，卻忽略了他們此時需要休息。這不是愛，這不是基督的方式。我曾經聽過一個見證：我們必須先愛別人，直到他們問我們為什麼。然後耶穌會提供屬靈交流的機會。祂會開路使我們得以分享祂的復臨和盼望。在祂繼續領導的過程中，將有機會分享我們的特殊使命，即三天使的信息。但是，最初這些接觸的重點應該是永遠的福音。福音的力量可以使人徹底歸順並敬拜造物主上帝。這不就是三天使信息的意義嗎？

其他建議

讓我再提出一些看法，以幫助你參與收割的工作。首先，在社區裡落實佈道生活化策略。你有聽說過慧優體公司（Weight Watchers）嗎？為什麼這個組織幾乎能在世界的每個角落設立？它提供了一個地方，讓那些渴望減重並保持健康體態的人可以找到支持、鼓勵和幫助。如果你看新約，你會發現聖工很少是由一個人獨立完成。它們通常是以團隊來進行。以保羅為例子，他是否曾在傳道給外邦人的小亞細亞地區獨自旅行？不。從一開始，在被按立之後，他就和巴拿巴一起進行第一次的宣教旅程（徒 13：1-3）。隨後，保羅在聖工上總是有團隊的支援。就連

耶穌也是差遣門徒兩個兩個的出去。在傳福音中，獨當一面是不理想的。

我們發現懷愛倫也一再給予我們同樣的建議。讓我分享一些例子：

- 讓每一所教會都編制良好的工作夥伴，在該教會附近服事。[15]
- 那位從不出錯的主曾經指示我：小型的組織可作為基督徒致力工作的基本單位。如果教會的人數甚多，就不妨將教友分成若干小組，使之不但為教友作工，更是為不信的人作工。如果在一處地方只有兩三位明白真理的人，也當自行組織成為一個小的工作單位。但願他們竭力維持這種結合，使其不致瓦解渙散；當用愛心團結一致，彼此鼓勵，互相督促，好在膽量和能力上有所增進……他們更當本著有如基督一般的愛心，去為凡在羊圈之外的人作工，忘卻自我，救助他人。[16]
- 在每座城市都應有一批有組織、訓練有素的工人；不僅要設置一兩組，還應大量的設置才能起作用。[17]

那麼，我有什麼建議呢？我提議召集一些志同道合、有收割使命的教友，並組成一個小組，致力於推動佈道生活化策略。在「分享基督」（ShareHim）中，我們將這小組稱為「聖工外展領導隊」（Outreach Leadership Teams）。我們已經開發了一些教材，你可能會發現它們對於團隊小組很有幫助。在本章最後的註釋中，包含有關如何取得此免費材料的詳細資訊。[18] 作為一個團

隊，你會想一起祈禱、工作、策劃一個可行的福音傳播系列，
包括籌備工作、信息傳講以及如何維持其運作。所有這些以及
更多內容都在手冊中有詳細的說明。

當然，還有其他參與收割的方法。除了個人在當地社區的
聖工參與，也有很多全球聖工的參與機會。您可以考慮以下的
選項：

- 在你所居住的社區或聖工未傳入的地區做兼職文字佈道。
- 擔任以下短宣項目的義工：
  ❶「祂必再來」義工（Maranatha）
  ❷「分享基督」（ShareHim）
  ❸「安靜時刻」（The Quiet Hour）
  ❹ 復臨教會平信徒服務與產業組織（Adventist-Laymen's Services and Industries，ASI）。
- 開新工，請向區會行政人員諮詢。
- 花時間參與社區服務或安澤國際救援協會（ADRA）。
- 擔任學校課輔義工。
- 舉辦健康展覽；參與「完整健康改善計畫」（Complete Health Improvement Program，CHIP）、「快步計畫」或健康生活方式研討會。
- 以團隊或個人身分參加「分享基督」（ShareHim），目前已彙編了大量的材料和活動手冊。[19]

那些真正願意參與收割的人可以有很多選項。祈禱並尋求主的帶領。願意採取必要的信心步驟，以積極向世界宣揚這些重要資訊。但是，無論你想做什麼，請立即開始行動，因為時間不待人！

結論

我們真的不知道敞開的門戶什麼時候會關閉，什麼時候宣揚三位天使信息的自由會被剝奪。每天的機會都很寶貴。實際上，透過參與收割，我們是在催促基督復臨的日子早日到來。「我們能藉著傳福音來加速主的復臨。我們不單要仰望，而且也要促使上帝日子的到來（彼後 3：12）。基督的教會已經完成上帝所指定的工作，全世界就早已聽見警告，主耶穌也早已帶著大能在榮耀裡降臨了。」[20]

我很想見耶穌，你呢？耶穌告訴我們，這天國的福音要傳遍天下，對萬民作見證，然後末期才來到（太 24：14）。我們在三位天使的信息中看到了相同的信息。傳揚這些信息之後，基督就會復臨並進行收割。讓我再問你一次：你渴望見到耶穌嗎？我們生活在令人興奮的時代。人們很容易也非常自然地相信萬物與起初創造的時候仍是一樣（彼後 3：4）。預言的研究表明我們已經生活在世界歷史的盡頭。我們應該如何生活？首先，我們要持平靜的心，「仰望為我們信心創始成終的耶穌」（來 12：2）。其次，我們應該感到興奮！在這個特別的時期被賦予這一

項特殊的使命是多麼榮幸！最後，我們應該越來越有迫切感。就像天使飛在空中一樣，我們應該專注於我們餘民的使命——宣揚三位天使的信息。

懷愛倫為我們描繪了當今世界的景象：「我們現今正生活在世界歷史結束時的情景，但願人們因知道真理的責任感而戰兢。世界末日已臨近。對這些事的正確考慮，會使眾人完全獻上他們的一切所有並歸向他們的上帝。」[21]

作為上帝的餘民，帶有對世界特殊警告的信息，我們沒有一分一秒可以浪費。我們之所以存在，是為了宣告這信息。這說明了我們是誰以及我們為何會在這裡的原因！當我們接受並宣揚這信息時，我們就是真正回歸了復臨信仰的中心！

註釋

❶ 懷愛倫，《看見錢以外的 CEO》（舊名：給管家的勉言）（台北市：時兆，2016 年 2 月），原文 39 頁。

❷ 德瑞克·莫里斯，《改革性的祈禱》（Hagerstown，Md.: Review and Herald® Publishing Association，2008）。

❸ 懷愛倫，《看見錢以外的 CEO》，原文 39、40 頁。

❹ 懷愛倫，《基督復臨安息日會國外佈道史略》（Basle， Switzerland: Imprimerie Polyglotte，1886），原文 291 頁。

❺ 同上，290、291 頁；重點補充。

❻ 羅馬書 12:3-8；哥林多前書 12；以弗所書 4:7-16。

❼ 懷愛倫，《論健康佈道》（舊名：服務真詮）（台北市：時兆，2018 年 4 月）（Nampa，Idaho: Pacific Press® Publishing Association，1942），原文 148 頁；重點補充。

❽ 懷愛倫，《教會證言》，卷九，原文 117 頁。

❾ 懷愛倫，《聖經教導年輕人的十五堂課》（舊名：告青年書）（台北市：時兆，2018 年 4 月），原文 192 頁。

❿ 懷愛倫，《懷愛倫文集》5:336。

⓫ 懷愛倫，《教會證言》，卷六，原文 438 頁。

⓬ 懷愛倫，《論健康佈道》（舊名：服務真詮），原文 147 頁。

⓭ 露絲·雅各布森，《橋樑 101》（Hagerstown， Md.; Review and Herald® Publishing Association，2008）。

⓮ 比爾·海貝爾斯，《只要走到另一隅》（Just Walk Across the Room），（Grand Rapids，Mich.: Zondervan，2006）；其他有關個人佈道的建議書單為：《基督徒服務大全》、《佈道論》以及《改革性的祈禱》。

⓯ 懷愛倫，《評閱宣報》，1891 年 9 月 29 日。

⓰ 懷愛倫，《教會證言》，卷七，原文 21、22 頁。

⓱ 懷愛倫，全球總會每日佈告，1 月 30 日，1893。

⓲ 您可以從 http://sharehim 下載外展領導手冊 http://sharehim.org/olt-handbook-english。還有其他適用於傳福音的寶貴材料皆由 ShareHim 網站提供。請至網址：http://www.sharehim.org。

⓳ 請至網址：http://www.sharehim.org 並點擊資源鏈接，查找播種資源目錄（Sowing Resource）。您可以下載或於線上閱讀。視頻片段則是用於說明每項事工的內容及其提供的資源。

⓴ 懷愛倫，《歷代願望》，（Mountain View， Calif.: Pacific Press® Publishing Association， 1940），原文 633、634 頁。

㉑ 懷愛倫，《佈道論》，原文 16 頁。

GETTING BACK
TO THE
HEART OF
ADVENTISM

復 . 臨 . 運 . 動 . 使 . 命 . 與 . 精 . 神

第八章｜結語

♥ 是上帝犯了錯嗎？

♥ 使命與犧牲

♥結論

GETTING BACK
TO THE
HEART OF
ADVENTISM

結語

◇─◆◇◈◇◆─◇

「經濟衰退」、「財務自由跌至谷底」、「伯納·馬多夫」
（Bernard Madoff）；如果你曾經歷過 2008 年的下半年，而且熟知
當時的新聞，那麼你會不斷地看到這些字眼浮現。就在 2007 年
終的某個時候，美國開始了一場經濟衰退，很快就影響了經濟
的所有領域。到了 2008 年秋，政府認為有必要介入並為許多大
型金融公司和銀行提供財務紓困，所有這一切都是為了避免讓
經濟完全崩潰。

在所有關於經濟的壞消息中，伯納·馬多夫（Bernard
Madoff）這個名字很快就浮出水面，因為它涉及各種金融投機
和管理的不當。在他自己複雜的投資計畫中，馬多夫接手並很
快讓投資者的五百億美元資金化成泡影。那是非常巨額的一筆
錢！一位基金經理鼓勵他的客戶跟馬多夫一起投資，結果導致
客戶損失了 14 億美元。可悲的是，這位基金經理在 2008 年 12
月 23 日自殺身亡，但金錢的損失若與他的家人所遭受的打擊相
比，實屬微不足道。

朋友們，我們生活在一個驚人、充滿不確定性，並且關鍵
的時代。世界對其最珍貴的偶像——金錢——失去了信心。放

眼世界各地，經濟都是跌跌撞撞、蹣跚掙扎。人們正在摸索可以為他們帶來安全感的事物。但事實是到最後世界的情況只會每況愈下！我們在世界其他地方所聽到的逼迫、痛苦和悲劇將臨到我們。我真的相信耶穌即將復臨！還有多久？我不知道。但我確實知道一事：我們如今就活在末時。我們生活在前所未有的全球化時代。我們生活在羅馬教皇在世界範圍內擁有越來越多的追隨者和被尊重的時代。我們生活在只有一個世界超級大國的時代。道德敗壞和道德相對主義在世界普遍存在。所有這些都告訴我，預言正在應驗，耶穌即將復臨！

是上帝犯了錯嗎？

上帝是否犯了錯？祂的餘民——負有特殊使命的人——睡著了嗎？懷愛倫提出了同樣的問題：

「上帝揀選了一個民族，使他們成為真理的寶庫，具有永恆的結局。給他們的是必須照亮世界的光。上帝犯了錯嗎？我們確實是祂選擇的工具嗎？我們是要向世人傳揚〈啟示錄〉第14章的信息，向站在瀕臨滅絕邊緣的人宣揚救恩信息的男女嗎？我們有表現出所堅持的信念嗎？」[1]

這確實是個可怕的問題。但她為什麼要提出來呢？而且，我們為什麼還要關心呢？

有幾個原因讓我們注意這段引文。首先，生活在世界卻不屬於世界始終是困難和危險的（約 17：14）。我們所生活的世界其催眠作用很容易使我們入睡。就像十個童女在等待新郎一樣，溫暖宜人的延遲之夜可以使我們輕鬆自在——認為自己是生活在基督復臨好像還有幾十年才會到來的日子裡。生活的舒適感以及我們日常活動的節奏使我們容易認為明天將與下週、明年或下一個十年是一樣的。不久之後，儘管可能聽不到，我們也會過著像他們一樣的生活，如同彼得所問的：「主要降臨的應許在哪裡呢？」（彼後 3：3、4）

在擔任主的守望者時，我們卻睡著了！作為向世界傳揚這決定性、重要和最後信息的先鋒，上帝會找其他人代替我們嗎？我祈禱這不會發生！我同意威廉・強森（William G. Johnson）的話，他說我們「在傳揚這警告的信息上一定不能失敗。我們是錫安城牆上的守望者，我們不敢違背自己的職責。世界末日已清楚列出選項：一邊是嚮往、要追求的天堂，另一邊是要拼命閃躲的地獄。」[2]

懷愛倫提出了另一個為何我們要認真聽取這些警告的原因。低估、淡化或輕描淡寫這些賦予我們傳揚的信息，會使我們處在危險中。她在《信息選粹》中談到了我們獨特的信仰和多彩的旗幟，並為我們提供了直接的建議：「第三位天使的旗幟上題著：『守上帝誡命和耶穌真道的』（啟 14：12）。…… 我

蒙告知人們將採取一切政策，使基督復臨安息日會的信徒和那些遵守每週第一日的信徒之間的差異變得不那麼明顯。在這場爭戰中，全世界都被捲入其中，時候不多了。這不是降下我們旗幟的時候。」[3]

喬治·奈特（George Knight）透過簡潔的方式診斷了我們當前的危機：「當所有的教會議決都以政治正確作為要求，並且失去『特有』的信息和使命之時，即使繼續對它的效力自吹自擂，教會終將失去功能和作用。」[4]喬治·奈特所表達的和懷愛倫所警告的重點在於，我們因為太過渴望能融入社區和團體，成為受人尊敬的公民，所以關於我們的獨特性——向世人傳揚令人震驚的信息就低調以對。在本質上，我們如此做就等同切斷了三位天使的翅膀，把三位天使當成我們教派的雅致符號和標誌設計。

這兩個危險，一方面是自滿和世俗，另一方面是宗教上的妥協和同化，是當今威脅我們教會兩個密切相關的屬靈病毒。因此，許多年前懷愛倫提出的問題在今天更加真實：「上帝犯錯了嗎？」我們確實是自己所認為的那種人嗎？我們是有使命的上帝餘民嗎？唯一可以確定的方法是履行我們的餘民使命，成為我們被呼召成為的人，在完成使命上全力以赴——宣告三位天使的信息！

使命與犧牲

沒有人會認為我們的使命是輕而易舉就能完成的。在基督教時代初期，對於上帝的教會來說，達成這使命就已屬不易，當然在世界結束時肯定也不會是件容易的事。本會歷史上充斥著損失、痛苦和殉道的故事──只是為了讓這三位天使的信息可以傳到各國、各族、各方、各民。即使現在，當你閱讀這本書時，復臨信徒仍在為自己的信仰而遭受苦難。

我記得在中國南方的一個城市曾遇見兩名年輕婦女。我們已經裝備她們到中國沒有復臨信徒的某個地區作聖工。我們坐在店裡，她們講述自己是如何被逮捕和監禁。這都是因為她們傳揚主耶穌。她們告訴我，監禁了幾天後，自己又是如何從監獄中釋放出來，被員警趕走，禁止她們逗留，但是她們持續前行到了附近的一個村莊，並開始向願意聽的人查經。她們不畏懼地繼續履行使命，直到呼召了一群樂於遵守上帝誡命和耶穌真道的信徒！

當我聆聽她們的見證時，我看見她們在信仰上的活力。我可以清眼目睹，耶穌對她們而言不僅僅是神學上的概念。祂是真實的，是她們的朋友。祂是她們即將復臨的救主。她們活著的使命是向所有願意聽的人傳揚這一信息。她們為福音做出了極大的犧牲。我們願意這樣做嗎？

　　犧牲並不總是意味著入獄，但這可能意味著重新安排我們的時間，以便有目的的與我們的鄰居和非基督徒朋友建立聯繫。這可能意味著要花費我們的時間、影響力和資源來建造橋樑，使上帝的愛能夠觸及那些迷失的人，或是那些在末時完全沒有意識到即將來臨之善惡之爭的人。

　　我不想在這裡擅自做太多假設，但也許我們的犧牲也可以透過放棄追求美國夢來表現吧？或者我們可以少花一點錢，少享受一些，或者換個小一點的空間？所有這一切，不是為了追求極簡主義的生活方式，而是為了基督的聖工騰出我們的時間和財力。這是我們大家都可以做出的一點犧牲嗎？ 我不禁對此思考著。

結論

　　是的，在一些事上我們需要做出犧牲。沒錯，在教會中無論團體或個人，我們都面臨挑戰。但最重要的是，我們都被要求在遠處或近處宣揚這些信息。作為教會，這是我們偉大而首要的使命！這就是我們是誰及為何作這工的原因。這個使命是復臨教會的核心。

　　最後，讓我分享懷愛倫另一處的引文。它為我們的研究提供了合適的結論：「第三位天使飛在空中，宣佈上帝的誡命和

耶穌的真道。該信息在飛行中不會失去它的能力。門徒約翰看到這項工作不斷的前進，直到整個世界充滿了上帝的榮耀。 我們要懷著更大的熱誠和精力，將主的工作推進到末日。」[5]

賦予我們去完成的使命確實奇妙。它最終也將成功。這些信息將遍及全球以及我們的社區，直到那些地方和人心充滿上帝的榮耀。知道成功就在眼前，你是否願意和我一同致力於完成主所賦予我們的工作呢？

實現這一使命的第一步是每日的委身，並順服我們的創造主上帝。將我們自己和所有的都獻給祂。然後，一旦我們踏上了信心的使命之路，並分享和傳揚這三位天使的信息時，我們的信心就必堅定立穩，我們在基督裡的生活將更有意義。願上帝賜予我們每個人祂的恩典和信心，以便我們在聖靈的能力下，能一起實現我們最初受召所肩負的使命——宣告三位天使的信息！

 註釋

❶ 懷愛倫註解，《基督復臨安息日會聖經註釋》卷七，962 頁。

❷ 威廉．強森，〈聖徒在末時對抗邪惡勢力的凱旋〉，《啟示錄研討會文集》，第 2 冊，原文 40 頁。

❸ 懷愛倫，《信息選粹》卷 2，原文 384、385 頁。

❹ 喬治．奈特，《末世啟示之異象》，原文 16 頁。

❺ 懷愛倫，《給家長、老師和學生的忠告》（ Mountain View，Calif.: Pacific Press® Publishing Association，1943），原文 548 頁。

Notes

Notes

Notes

Notes

Notes

Notes

國家圖書館出版品預行編目資料

不忘初心：復臨運動使命與精神／傅博仁（Robert
Folkenberg Jr.）作；方錦榮譯. --初版. --臺北市：時兆
出版社, 2022.02
面；公分
譯自：Getting back to the heart of adventism.
ISBN 978-626-95109-2-4 (平裝)

1.CST：信仰 2.CST：基督徒
242.42   111000957

不忘初心 復臨運動使命與精神

作　　　者	傅博仁 Robert Folkenberg Jr.
譯　　　者	方錦榮

董 事 長	金時英
發 行 人	周英弼
出 版 者	時兆出版社
客服專線	0800–777–798
電　　話	886–2–27726420
傳　　真	886–2–27401448
地　　址	台灣台北市105松山區八德路2段410巷5弄1號2樓
網　　址	http://www.stpa.org
電　　郵	service@stpa.org

責　　編	林思慧
文字校對	吳金財、吳惠蓮
封面設計	時兆設計中心　林俊良
美術編輯	時兆設計中心　林俊良
商業書店	總經銷　聯合發行股份有限公司 TEL：886–2–29178022
基督教書房	TEL：0800–777–798

網路商店	PChome商店街、Pubu電子書城　　不忘初心 🔍

I S B N	978-626-95109-2-4
定　　價	新台幣250元
出版日期	2022年2月　初版1刷
郵政劃撥	00129942
戶　　名	財團法人臺灣基督復臨安息日會

PRINTED WITH SOY INK　本書使用環保大豆油墨印刷